ゼロからの著作権

——学校・社会・SNSの情報ルール

宮武久佳

岩波ジュニア新書 990

はじめに

つい最近、こんなニュースを目にしました。ある学校の校長先生が、インターネット上で見つけたイラストを「学校だより」に無断で取り入れたのです。数カ月たって、そのイラストを制作した会社から学校側に連絡があり、イラストの使用について料金が請求されました。「無料だ」と思い込んでいた校長先生はびっくりしました。話し合うのですが、確かにイラスト会社の言い分が正しい。結局、その会社の請求にしぶしぶ応じたようです。

ニュースだけ見ると、これは典型的な著作権の問題です。

校長先生は他人が描いたイラストを無断で使ってしまったことを反省するのですが、うっかり「著作権のこと」が頭から抜け落ちてしまったのですね。

消しゴムやボールペンを人から借りるとき「すみませんが、ちょっといいですか」と相手に許可を得ます。これは、社会常識と言ってよいでしょう。「自分のもの」と「他人のもの」を区別することは、小さな子どものころから厳しくしつけられます。ボールペンであれ、消しゴムであれ、「他人のもの」を黙って使うと窃盗《せっとう》(盗み)になるかもしれません。

だけど、オンライン上のイラストや写真、音楽、動画などコンテンツ(作品)に関していうと、案外、大人でも「自分のもの」と「他人のもの」の区別がうまくいかない場合が多いのです。ネット世界と人と出会うリアルな生活とを行き来していくうちに、「著作権のこと」がどこかに消えてしまうようです。

コンテンツには必ず「作り手」がいます。この「作り手」が最初に持つ権利のことを著作権と言います。「作り手」の許可がないと、コンテンツは勝手に使えない。これが著作権ルールの基本です。他人のボールペンを無断で使えないのと同じです。

DX時代の今、みなさんの日常にも「著作権のこと」が密接に関係しています。DXとは「デジタル技術が大きく社会を変える状態」という意味です。国のGIGAスクール構想のもと、今や全国の小学校や中学校で、みなさんにタブレット端末が配備されます。「紙の」教科書にもQRコードが掲載されるようになりました。

DXのおかげで、著作物(著作権のあるコンテンツ)の在り方が大きく変わりました。あなたがスマートフォンで写真を撮れば、あなたが「著作者」(著作権を持つ人)になります。それを友人に送り、その友人がSNSにアップすれば、その友人は「利用者」(ユーザー)になります。つまり、誰もが簡単に「著作者」になり「利用者」になれるのです。

ところが、コンテンツに関わる状況が大きく変わったわりには、著作権の教育が十分に行われてきませんでした。そのため、自分の権利が他人から侵害《しんがい》されていても気がつかなかったり、自分が他人の権利を侵害していてもピンと来なかったりします。

デジタル化が急速に進んだため、必ずしも大人の方が著作権に明るい、ということもないようです。校長先生が経験したイラストのトラブルは誰にでも起きそうです。

一方で、著作権はあなたの味方でもあることを強調しておきましょう。どういうことでしょうか。

あなたはクリエーター（作る人）でもあるからです。

あなたは家や学校で作文を書き、歌い、楽器演奏をし、ダンスをし、絵やイラストを描きます。またLINEなどのチャットで、撮った写真を送信することはありませんか。これはクリエーターの活動なのです。著作権はクリエーターのあなたを守ってくれる心強い武器でもあるのです。

この本は、著作権に触れるのは「はじめて」という人を対象にした著作権の案内です。オンライン時代に、学校で学び遊ぶとき、SNSで外の世界とつながるときに起きる「著作権の要点」を記しました。はじめての場所や街を旅行するとき、地図は必要です。だけど、地図が詳《くわ》しすぎるとかえって分からなくなります。何も知らない場所で必要なのは、要点が書かれた「案内」なのではないでしょうか。

本の1ページ目から順番に読む必要はありません。ページをパラパラめくって、気になる文章やフレーズがあれば、そこから読み進めてください。この時代の情報ルールを学ぶ一歩となるはずです。また、付録として、学校生活や暮らしの中、ＳＮＳを使うときなどに起きそうな著作権に関するケースをＱ＆Ａ形式でまとめました。手元においておくと便利だと思います。

本書で、ゼロから著作権を学びましょう。

表1　著作権の一覧

著作者人格権
公表権　著作物を「公表するか，しないか」，公表するとすれば「いつ」「どのような方法で」実施するかを決めることができる権利
氏名表示権　自分の著作物を公表するときに，名前を「表示するか，しないか」，表示するとすれば「実名か，ペンネームか」を決めることができる権利
同一性保持権　著作物の内容や表題を勝手に変えられない権利
著作(財産)権
複製権　自分の著作物を勝手に複製されない権利．「複製」とは，コピー(コピー機などによる複写)，スキャン，トレース，手書き(手描き)の模倣，印刷，撮影，録音，録画などを指す
上演権・演奏権　自分の著作物を勝手に上演されない(あるいは演奏されない)権利．ならびに，自分の作品が収録された録音物や録画物を勝手に再生されない権利
上映権　自分の著作物を勝手にスクリーンやディスプレイに映写されない権利
公衆送信権　自分の著作物を勝手に，離れた場所にいる人々に送信されない権利
口述権　言語の著作物を音読などにより，勝手に口述(朗読)して人々に伝えられない権利．「読み聞かせ」を含む
展示権　美術の著作物と未発行の写真の原作品が勝手に展示されない権利
頒布権　映画の著作物の複製物を勝手に頒布(販売・貸与など)されない権利
譲渡権　映画以外の著作物の原作品または複製物を勝手に譲渡されない権利
貸与権　映画以外の著作物の複製物を勝手に公衆へ貸与されない権利
翻訳権・翻案権　自分の著作物を勝手に翻訳，編曲，変形，翻案されない権利．たとえば，マンガのドラマ化や小説の映画化など
二次的著作物の利用権　自分の著作物を原作とする二次的著作物に関する権利．マンガをドラマ化する場合など二次的著作物について，原著作者も上記の各権利を持つ

目次

本文イラスト＝磯貝千恵（みみずく工房）

第1章
もしも著作権がなかったら

著作権って一体、何でしょうか。

あなたはスマートフォンやタブレットを使っていて「著作権に注意してくださいね」と学校の先生から言われたことはありませんか。でも「著作権」という三文字をずっとにらんでいても、その意味はなかなか浮かび上がってきません。

身の回りの大人でも著作権を説明できる人は少ないのではないでしょうか。「著作権に注意を」と呼びかける先生の多くも、「著作権は苦手。質問されると困る」というのが実情のようです。

実は「著作権」という言葉は広く用いられるわりに、その意味をきちんと学ばないまま社会に出る人が多いのです。だから、でしょうか。インターネットやSNSを利用しているときに、多くの人がうっかり著作権ルール上「やってはいけないこと」をやってしまいます。

一方、自分の著作権が侵害《しんがい》されても気がつかないこともあります。

教わらないと身につかない

著作権のルールは教わらないと分かりません。子どもから大人になる過程で自然に身につくものではないのです。

「他人が作った動画やイラストを勝手に使ってお金もうけしてはいけない」ということぐらいは誰でも漠然《ばくぜん》と知っています。だけど、「私的にコピーする場合はOK」や「著作権が保護される期間は作者が亡くなってから70年間だ」というのは教えてもらわないと分かりません。

「授業で先生が資料をコピーして配っているけど、いいのかな」「テレビ番組を録画するって、コピーするのと同じじゃないの？　例外でもあるのかな」などについて、きちんと説明できる人は案外少ないものです。

謝罪して済むような軽度の著作権法違反ならまだしも、現実には大きな金額の損害賠償《そんがいばいしょう》を支払わされたり、罰金が科される事件も発生しています。事と次第によっては「知りませんでした」という言い訳が通用しにくい場面があるかも分かりません。

コンテンツを支配するキング

著作権をざっくり説明すると、「文章や音楽、画像、動画、マンガなどコンテンツを作った人が持つ権利」です。「著作権」は「著作者の権利」を略したものと言ってよいでしょう。そして、著作権を有するコンテンツを「**著作物**」と言います。自分の作った著作物が他人によって無断で利用されない独占的な権利が「**著作権**」です。

別の言い方をすると、著作権を持つAさんだけが、Aさんの著作物を支配できます。

著作権は強い権利です。著作物の利用を支配できるのは作った人(著作者)だけです。「作る人は偉い」というのが著作権の世界の基本的な考え方です。著作者は「**キング**」だと言ってよいでしょう。

「他人が作った著作物」をまるで自分のものであるかのように利用することはできません。他人の消しゴムやボールペンを無断で使えないのと同じです。他人が作った著作物を利用する場合は、著作権を持つ人の許可を得るのが基本です。他人の著作物を無断で利用すると

「著作権の侵害」になります。

著作権を持つ人つまり「キング」だけが、コンテンツの「コピー」と「利用」を支配できます。どんな人であれ、キングの許可なく、キングの著作物を「コピーする」「スキャンする」「看板に掲示する」「ＳＮＳで友だちに送信する」「インターネット上に載せる」ことはできません。

著作物を無断で利用された場合に、キングは「すぐにストップしてください」「使用料金をいただきます」「損害を受けたので、損害賠償を請求します」と相手に要求することができます。

あなたは親や先生よりも偉い

コンテンツを作ったあなたは作者です。この「作者」「作り手」「クリエーター」のことを著作権法では**「著作者」**と言います。

仮にあなたは中学生だとします。『私のクマさん』というファンタジー小説を書きました。クマのぬいぐるみとあなたの冒険物語です。この場合、書き手のあなたが著作者（キング）となります。

親や先生が勝手に『私のクマさん』のコピーを作って知り合いや同僚に渡すことはできません。いくら『私のクマさん』が感動的な作品であっても、親や先生があなたの許可を得ないまま作文コンクールに出品することもできません。親や先生は、キングが書いた作品に何の権利も持っていないからです。

あなたは親や先生よりも偉いのです。これが著作権の考え方です。作者が大人か子どもかの区別はありませんし、プロとアマチュアも同じように扱われます。

著作権は作品が作られた瞬間に作った人に与えられます。どこにも届け出る必要はありません。このことを無方式主義と言います(第5章参照)。

国が法律で守ってくれる

日本には著作権法という法律があります。では、国はなぜ、法律で著作権という権利を与えて著作物を保護しているのでしょうか。なぜ国が『私のクマさん』を守ってくれるのでしょうか。

その答えのヒントは著作権法の冒頭（１条）にあります。「著作権を保護することで、文化の発展につなげたい」と、この法律の理念、目指す方向性が記されているのです。原文では《著作者等の権利の保護を図り、もって文化の発展に寄与することを目的とする》と書かれています。

ちょっと抽象的ですね。なぜ、著作権を保護すると文化の発展につながるのでしょうか。『私のクマさん』を例にとって、「著作権と文化の発展との関係」を考えましょう。

空想物語が好きなあなたは、幼稚園のころからたくさんの本を読んできました。『ハリー・ポッター』シリーズを全巻、何度も読みました。いつか自分もファンタジー小説を書きたいと思っていました。構想を練って、毎日書き続け、感動的な物語に仕上げました。

この小説が『私のクマさん』です。ファンタジー作品のファンが集まるサイトに少しずつ投稿しました。親も友人も「次、どうなるの？」と続きを読みたがります。ほめてくれる人が多く、書くことが楽しくてしかたがありません。将来はファンタジー作家の道を歩みたいと思うようになりました。いつの日か、本にしてくれる出版社が見つかるまで『私のクマさん』のシリーズ化を目指して、書き続けたい――。

さて、もしも著作権のルールがなかったらどんなことが起きるでしょうか。

あなたが知らないうちに『私のクマさん』を、誰か他の人が出版してしまいます。その場合、本が売れても作者のあなたにお金が支払われません。『私のクマさん』がヒットすれば、テレビドラマ化されたり映画化されたりするかもしれません。英語版やインドネシア語版、中国語版も作られます。そうこうしているうちに、主人公の「クマさん」のキャラクターグッズが販売されるほど大人気になります。すべて、あなたに連絡も報告もないまま、事が進みます。

こんなことも起きます。オリジナル版の『私のクマさん』の主人公は森の出身で赤いスカーフがトレードマークなのに、ある地域でヒットしているのは、南の島の出身でアロハシャツを着ているのです。

さらにひどい場合は、知らない国で『私のクマさん』の著者の名前が別の人の名前になって流通しています。もちろん、あなたにひと言の連絡もないので、お金も入ってきません。

映画化され、アニメ化され、ゲーム化され、外国語に翻訳《ほんやく》されても、一銭もあなたの銀行口座に振り込まれない。しかも、著者の名前を見ると、知らない人の名前になっている。全体としては誰が見てもオリジナルの『私のクマさん』なのに結末が書き換えられている――。

こういう目にあうと、あなたはどんな気持ちになるでしょうか。「苦労して書いたのに、お金にもならず、自分の名前も広まらず、書き換えられて不愉快《ふゆかい》だ」「バカバカしくて、やってられない。小説を書く気がしない」「書いても、仲間以外には見せたくない」と思ってしまうのではないでしょうか。

しかも、あなただけがそう思うのではありません。作品が不正な利用から守られないなら、日本中で、あるいは世界中で、あらゆる小説家や詩人、画家、作曲家、作詞家など作品を作るクリエーターが、「もう作らない」「作っても親しい人以外には見せない」と思ってしまいます。

そうなると、この世の中でごく普通の市民が、質の高いエンターテインメント(娯楽)やアート作品に触れることが難しくなります。出回っているのは、どれもこれも同じようなありふれた作品ばかりになってしまうでしょう。それは文化が充実した社会ではありません。また、そのような世界では創作することで食べていけなくなります。多様な芸術や学問が成り立たず、文化が発展していける状態ではありません。さあ、どうしましょうか。

芸術家が立ち上がった

19世紀のヨーロッパで起きたことが参考になります。市民社会が形成され始めて、書籍や美術展、コンサートなどの娯楽がようやくビジネスとして成り立ち始めたころのことです。

このころは小説や楽譜が流通しやすくなった時代でもあります。印刷・製本などのさまざまな技術や流通・交通手段の発達が後押ししました。また、風景や人物を写す(コピーする)カメラ技術が発達し普及し始めました。

この時代は海賊版《かいぞくばん》が勢いを増した時代でもあります。大物の作家や芸術家が作った作品が、作者の知らないうちに売買され、全然知らない人が金もうけをしていたのです。ひどい場合は作者とは別人の第三者が作者本人になりすましていたのです。こうなると、一体、何が本物で何が模倣品《もほうひん》であるか、作った本人にしか分かりません。

このような時代に「がまんできない」と各ジャンルで立ち上がる人が出始めました。力のあった芸術家は、何とか自分の作品を適正に流通させ、創作を続ける道を模索《もさく》したのです。

「音楽は無料ではありません」

『クリスマス・キャロル』『オリバー・ツイスト』で有名なディケンズ（１８１２―７０）はイギリスの国民的作家であり、英語圏のアメリカでも高い人気を誇っていました。当時アメリカは西部開拓時代です。小説は、幌馬車《ほろばしゃ》で移動中でも家族で楽しめる貴重な娯楽でした。

残念なことに、アメリカでは当時、「**海賊版**」が横行していました。印刷・製本の技術革新が海賊版の拡散を助けていました。ディケンズはこの事態に怒りを抑えられず、１８４２年にアメリカに乗り込み、「正規版を購入してほしい」と訴えて回ったのです。

それから5年後、1847年のフランス・パリのカフェでのエピソードです。当時のカフェは飲食するだけでなく、人との出会いや音楽や芸能を楽しむ場所でした。作詞家(ブルージェ)と2人の作曲家(アンリヨンとパリゾ)がこのカフェでワインを楽しんでいたときのことです。3人が作った曲がバンド演奏されているではありませんか。しかも、お客には大受け、店は繁盛《はんじょう》しています。

ところが、ブルージェたちに対して、カフェや演奏者側からは何の連絡も報告もありませんでした。もちろん金銭的な見返りもありません。自分たちが作った音楽で店が利益を得ているのに、自分たちへの報酬《ほうしゅう》がなかったことに3人は憤慨《ふんがい》します。彼らは「私たちが作った音楽を無断で、しかも無料で使い続けるのなら、私たちも店のチーズとワインの代金は支払いませんよ」と主張し、音楽の使用料金の支払いを求めたのです。この3人は、要求に応えなかったカフェを相手に訴訟《そしょう》を起こします。結果、裁判所は3人の主張を認め、以後フランスでは、音楽の使用料についての考え方が明確になりました。

ショパンがとった対策

同じころ、ポーランド出身の作曲家ショパン（１８１０―４９）は楽譜の海賊版に苦しんでいました。ショパンはピアニストであると同時に作曲家として楽譜出版にも力を入れていました。楽譜の販売は重要な収入源だったのです。しかし、オリジナルの楽譜ではない非正規版つまり海賊版が横行していました。

彼は「ニセ楽譜」が出回る前に、「正規版」が迅速《じんそく》にしかも一斉にヨーロッパ全土で流通することを願っていました。それは何も、本来得られるはずの収入が得られないからということだけではなく、自分が作った音楽が勝手に改変されることに耐えられなかったからでもあります。

そのため、楽譜の初版をイギリス、フランス、ドイツの3カ国で同時に出版するという対策を講じたのです。だけど、これもやらないよりはマシという程度でした。どうしても流通の過程でニセの海賊版が出回ります。クリエーターを守る法律がないとそうなるのです。

著作権の「世界標準」誕生

小説の話にもどします。著作権の歴史を考える上で、『レ・ミゼラブル』で知られるフランスの文豪ユゴー(1802―85)の存在が重要です。彼も海賊版に苦しめられたのです。

ユゴーは本国以外で印刷された自分の小説の廉価版《れんかばん》が、フランスで大量に売られていることを苦々しく思っていました。一方で、イギリスでは彼の作品を無断で英語に翻訳して出版し、大もうけしている人がいたのです。そこで、有力政治家でもあった彼は、著作権を外交問題として取り上げました。

その結果、1886年には著作権のもっとも重要な国際的ルールとなる「**ベルヌ条約**」が成立しました。国をまたいだ著作権ルールが有効になったのです。いわば、著作権の「世界標準」です。スイス・ベルンで生まれたベルヌ条約は最初数カ国でスタートしましたが、加盟国の数は増え続け、2023年時点で、179の国と地域が加盟しています。

こうした芸術家たちの活動があったために、少しずつ、今日の著作権制度が整ってきたと言ってよいでしょう。時代背景として、近代市民社会が各国で成立し始め、技術に支えられた産業が発展し、芸術や娯楽がビジネスとして成長したことがあります。一方で、「作品は人格の発露《はつろ》」という人権の考え方がクローズアップされた時代でもあります。

コラム◎日本の著作権、その幕開け

日本で著作権法が誕生したのは、１８９９(明治32)年です。その背景には「世界の中の日本」がありました。当時の日本にとって、江戸幕府が結んだ不平等条約を解消し、フランスやイギリス、アメリカなど欧米列強に仲間入りすることが国の悲願でした。そのため、日本が「法整備の整った近代国家」であることを世界にアピールする必要があったのです。１８８９(明治22)年に明治憲法が制定され、前後して民法や刑法をはじめとするさまざまな法律が作られました。その流れの中、著作権の世界標準である「ベルヌ条約」に加盟する目的で、急ピッチで著作権法を作ったのです。

ヨーロッパの先進国で芸術家がやむにやまれず「自分たちの権利を求めて」立ち上がったことと比較すると、日本の著作権制度の幕開けは外交や政府主導の「上からの制度導入」であったと言えるでしょう。

著作権があなたを守る

著作権があれば、あなたが書いた小説が無断でコピーされることを防げます。小説のテレビドラマ化や映画化も無断で行われることはありません。

前出の『私のクマさん』が書籍化やテレビドラマ化、映画化される場合、海外で翻訳される場合でも「許可していただけませんか。売り上げに応じて、お金をお支払いします」と、出版社やテレビ局、映画会社から申し出を受けることになります。

出版され、テレビ局や映画会社によって新たな映像作品に生まれ変わることで、収入が得られます。読者や視聴者、映画ファンから「おもしろかった。よい作品を作ってくれてありがとう」という評価やリスペクトを受ける機会もあるでしょう。

あなたは『私のクマさん』シリーズにますます励み、新しい作品作りに挑む元気が得られるのではないでしょうか。あなた自身に金銭上の利益がもたらされることも、新たな作品を作ろうというやる気が増すことにつながります。それは、読者や視聴者にとってもうれしい結果を引き起こします。

他方で、『私のクマさん』から刺激を受けた世界中の子どもが、ファンタジー小説を書く気になります。あなたが『ハリー・ポッター』から影響を受けたのと同じです。

一つの作品から新たな作品ができるのです。これは世界で小説やファンタジー作品が充実することを意味し、私たちの文化そのものが広がり、多様性を持つことを意味します。

同様に、学問の世界では、先人が書いた論文やレポートなどの出版物から学び、それを基に新たな研究が生まれます。それがさらに他の人の研究に役立ちます。

この文化や学問の連鎖《れんさ》は、著作権のある国で暮らす人の喜びと発展になります。こうやって、私たちの今の芸術や娯楽、学問の世界があると言えそうです。もしも他人のコンテンツの無断利用を禁じる著作権がなかったら、今日のように、文化や学問の世界で豊かな状況を維持させることは難しいのではないでしょうか。

誰もが知るべきルール

現代では、インターネットを利用して、自分が撮った写真や自分の文章を簡単に投稿することができます。「歌ってみた」「踊ってみた」という形で自分のパフォーマンスを多くの人に送信することもできるようになりました。

つまり、私たちは「誰もがコンテンツのユーザー（利用者）であり、クリエーター（著作者）」の時代に生きていると言えそうです。

このような時代ですから、著作権制度は、この時代に生きる誰もが知っておくべき大切なルールであるということが分かると思います。

クルマ社会には道路交通法があるように、コンテンツで回る情報社会には著作権法が必要だと言ってよいでしょう。「赤信号で止まる」「自転車に乗るときはヘルメット着用を」という交通ルールは必ずどこかで学びます。同じように、「他人のコンテンツを無断でコピーしてはダメ」「でも学校の授業でなら、コピーはOK」というルールも学習しないと分かりません。

確かに、著作権は複雑に見えるかもしれませんが、「作った人はキング」「無断コピーはダメ」「他人のコンテンツを勝手に変えてはダメ」などの基本的なルールとその考え方を押さえていれば、著作権制度について全体のイメージも描きやすくなると思います。

第２章
コンテンツの本質は「情報」

ある日のことです。有名な画家の自宅から未公開の絵が盗まれました。警察は盗難事件として捜査を開始しました。しばらくして、盗まれた絵の画像がインターネット上で拡散し始めました。

この時点で、盗んだ人は2つの異なる犯罪に関係したことが分かります。一つ目は、キャンバスと絵の具でできた物体としての絵を盗んだこと(窃盗《せっとう》)。二つ目は、その絵の内容である画像をネット上に載せたことです(著作権侵害《しんがい》)。

この事件は「絵は物体であり、画像である」ことと「画像の扱い方が著作権に関わる」ことを知らせています。

どういうことでしょうか、詳《くわ》しく見ていきましょう。

コンテンツとは何か

仮にこの絵が無事に取りもどされたとしましょう。そうすると窃盗事件の被害は収まります。だけど、画像が流出したままなので、著作権侵害の被害は広がり続けます。

もしも犯人がこの絵の画像をネット上にアップしなかったら、著作権の問題は起きませんでした。こうしてみると、著作権ルールが問題にするのは画像という「コンテンツ」の扱い方であると言えるでしょう。


では、一体コンテンツとは何でしょうか。

一般的に、コンテンツと聞くと、動画や静止画(画像)、音楽、絵、イラスト、文章、あるいは、マンガやアニメを思い浮かべるのではないでしょうか。一方で、額縁《がくぶち》に入れられた絵画や紙の本をコンテンツとは言いませんよね。

コンテンツ(contents)とは、英語で「中身」を意味します。つまり、物体としての絵画や紙の本そのものではなく、その中に入っている画像や文章など**「情報」のことをコンテンツと呼ぶのです。**

「コンテンツ」と並んで「作品」という言葉もよく使われますが、両者はほぼ同じ意味で使われます。「作品」はどちらかというと伝統的な言葉です。芸術的な内容を指すことが多いと思います。他方の「コンテンツ」は、デジタル時代になってから用いられるようになりました。カジュアルで実用的な内容を指すことが多いようです。だけど、両者に明確な区別はありません。

実は、著作権の世界でも両者を区別していないのです。著作権法では、著作権の要件(第3章参照)を満たしたものを「著作物」という法律用語で表しますが、著作物はコンテンツ、または作品を指します。

したがってこの本の中でも、コンテンツと作品を同じ意味で使うことにします。

余談ですが、最近の傾向として、「芸術家」以外に「アーティスト」「クリエーター」を目にする機会が増えました。作品のことをコンテンツと呼ぶことと似ているかもしれません。

物体と情報

ここで、一冊の書籍について考えてみましょう。あなたが小説本を買ったとします。読み終わったあと、誰かにあげたり、捨てたり、破いたり、必要部分だけを切り取ったりすることは自由に行えます。法律違反にはなりません。

あなたが自分の持ち物である書籍という物体を自由に扱う権利（**所有権**）を持っているからです。ボールペンや消しゴムと同じです。

仮にあなたが、自分の本をクラスの友人に「これ、あげるよ」と言って譲り渡したり、売ったりすれば、本の「所有権」はあなたから友人に移る（法律用語では「移転する」）ことになります。

物体としての書籍の「所有権」は持ち主がはっきりしています。所有権は常に物体と一体になっているからです。

ここから著作権の話が始まります。小説本は、**物体**（紙の本）としての要素と**情報**（コンテンツ）としての要素の二重構造になっている点に注目してください。書籍は「物体」と「情報」という2種類の異質なものでできているのです。

書籍の場合、紙という物体は、小説という「中身《コンテンツ》」を収納している「器《うつわ》」であると考えると分かりやすいでしょう。紙でできた物体（＝器）については「所有権」がつきまといます。一方で、小説という情報（＝中身《コンテンツ》）は、小説を書いた人（著作者＝キング）のものなのです。仮にあなたがお金を出して小説本を買ったとしても、コンテンツとしての小説の権利はキングである作家が保有し続けます。

有体物と無体物

このため、仮にあなたが買った書籍の中身《コンテンツ》に感動して、クラスの全員に読んでほしいと30人分をコピーして配ることはできません。SNS上にアップすることもできません。これは典型的な著作権の侵害《しんがい》となります。キングの権利を侵すことになるのです。

物体については**所有権**がつきまとい、コンテンツという情報については**著作権**がつきまとう。この点をしっかり押さえましょう。

書籍の場合、手で触ることのできる紙でできた物体のことを「有体物《ゆうたいぶつ》」、書籍に載せられた価値を持った情報のことを「無体物《むたいぶつ》」とも言います。

小説という書籍を例にとって話しましたが、絵本や写真集も同じです。音楽CDの場合は、プラスチック製のディスクが有体物で、ディスクに載った音楽が無体物です。絵画の場合では、キャンバスや紙や絵の具が有体物で、描かれた絵が無体物です。

無体物は情報（コンテンツ）でしたね。そして著作権に関わるのは、器という物体に載った「文章」「絵」「音楽」などの無体物（＝情報）であるということを理解しましょう。

即興音楽の著作権

ところで、器と中身《コンテンツ》、つまり、有体物と無体物の話をすると、「あらゆる中身《コンテンツ》には必ず決まった器があって、そこに固定されるのか」という疑問が出てきます。たとえば、音楽は通常、音楽ＣＤや楽譜という器に載ったコンテンツですが、ライブコンサートなどで、即興で演奏される音楽をどう考えたらよいのでしょうか。

著作権法の考え方では、もとの器に関係なく、鳴っている音楽（歌詞やメロディー）が著作物です。同じように、高座にいる落語家がたった今思いついたネタを聴衆の前で披露《ひろう》する場合、そのネタについて落語家が著作権を持ちます。講演会で、講演者が原稿を持たないまま話す場合も、その話について講演者が著作権を持ちます。

たとえ器を持たなくても、これらのコンテンツは著作権の要件（第3章参照）を満たせば、著作物として成立し、著作権の対象となるのです。つまり、音楽、小説、落語などは冊子や原稿用紙、メモ帳などの有体物に固定されない状態でも、コンテンツなのです。

コピーされてこそ

このように、著作権が対象とするのは無体物です。著作権は有体物を対象としません。ここで重要な話をします。無体物の最大の特色は、コピーされて次から次へと器を換えて拡散しやすいということです。絵は写真という器に載るし、その逆に、写真が絵にされる場合もあります。音楽もいろんな器に載ります。演奏会でも自宅のパソコンでも、スマホでも聞くことが可能です。小説や詩も、器を自由に換えることができますよね。ハードカバーや文庫版、最近ではデジタル版やオーディオ版もあります。つまり、無体物をコピーするのは簡単なのです。言い換えると、コピーに弱いのが無体物だと言ってもよいかもしれません。

DX時代の今、幼稚園の子どもの落書きも、最新ミュージカルもコピーされて世界中に拡散します。私たちは、エジプトのピラミッドもゴッホの絵も、テイラー・スウィフトの音楽も全部、コピーを通して知ります。だからこそ、著作者・著作権者の権利を守るために、無断コピーを防ぐ著作権が重要視されることが分かると思います。

今はストリーミングで音楽や映画(動画)を視聴する時代です。有体物と無体物がごく普通に分離することになりました。音声や動画がデータという無体物となって、そしてコピーされてこそ世界のすみずみに自由に届くのです。ここに、この時代の著作権の難しさがあります。

著作権が問題になるとき

「鳴っている音楽を聴く」「目の前の絵を見る」「手に取ってマンガを読む」「小説を読む」「端末やテレビでアニメを観る」「映画館で映画を観る」など、あなた一人がコンテンツを楽しむだけなら、どんな場面でも著作権の問題は起きません。

しかし他人が作ったコンテンツをあなたがコピーして多くの人に見せたり、配ったり、遠くにいる人に送信したりして「利用する」瞬間に著作権の問題が浮上します。

この章の冒頭で扱った絵の盗難事件では、盗んだ絵の写真をネット上にアップロードしたために、犯人に著作権侵害の容疑が加わりました。

私たちは他人が作ったコンテンツを「利用する」ときに、一瞬立ち止まって「いいのかな？」と著作権のことを気にしなければなりません。

「この作品、気に入った。多くの友人に知らせたい。SNSで送りたい。ネットで拡散したい」と思ったとき、他人の著作権を侵害するかもしれないと考えてみる必要があるのです。

コラム◎手紙の著作権

書籍の場合と同様に手紙にも著作権があります。差出人（書き手）から受取人（読み手）に届けられる手紙は、「紙（有体物）」と「文章の内容（無体物）」でできています。紙の部分は、届いた瞬間に受取人の所有物となります。

一方、著作権の考え方からすると、文章の内容はそのまま差出人のものです。文章の内容には、差出人だけの感情や思いが入っているからです。

封筒や便せん（有体物）は受取人のものになるため、受取人は保管したり、シュレッダーにかけたりする自由があります。だけど、便せんに記録された文章の内容（無体物）は差出人が著作権を持っています。受取人が無断で公表したり、ＳＮＳにアップしたりすることはできません。もちろん出版することもできません。

「手紙は誰のもの?」を考えるとき、プライバシーの観点から考えることもできますが、著作権ルールから考えてみると新しい発見があると思います。実際に、作家の三島由紀夫が書いた手紙の著作権をめぐって裁判が起きたことがあります。

第３章
著作物とは何か

仮にあなたが「自分が描いたイラストを他人が勝手に利用した。腹立たしい」と感じたとき、そのイラストがあなたの著作物であるという根拠を相手にうまく説明できることが必要です。あなたの作品を法的に守ってもらうための最大のポイントは、「そのイラストがあなたの著作物であり、あなた以外の人が自由に使えないことを相手に理解してもらう」ことにかかっているからです。しかし、あるコンテンツが著作物かどうか、即座に判断がつかない場合があります。

したがって、「著作物（＝法律で守られるコンテンツ）とは何か」を知っていることが重要です。

それが、あなたが描いたイラストについて「それは私の作品です。無断で利用しないでください」と主張できる、ということにつながります。

どのような要件が備われば、あなたの作品が著作物となり、他人にその権利を主張できるのでしょうか。

著作物となるために

著作権法は「著作物」について、「思想または感情を創作的に表現したもの」と定義しています（2条1項1号）。つまり、「思想（考え方）や感情（気持ち）が創作的に表現されたコンテンツ（作品）」が著作物なのですね。法律のフレーズは抽象的なので、具体例から見ていきましょう。

著作権法は「著作物」の例を9つを挙げています（10条1項）。

①小説、脚本、論文、講演その他の言語の著作物
②音楽の著作物
③舞踊または無言劇の著作物
④絵画、版画、彫刻その他の美術の著作物
⑤建築の著作物

⑥地図または学術的な性質を有する図面、図表、模型その他の図形の著作物
⑦映画の著作物
⑧写真の著作物
⑨プログラムの著作物

①は言葉による著作物です。「その他の言語の著作物」には、短歌や和歌、俳句、川柳も含まれます。あなたが書く、読書感想文やレポートも著作物です。手紙やメールも著作物に当てはまります。ドラマで俳優が話すセリフもこの分類に入ります。

②の「音楽」は歌詞とメロディー、および編曲されたものを示します。間違われやすいのですが、音楽を演奏する(再現する)歌手や楽器奏者は著作者ではありません。あくまでも歌詞と楽曲が著作物と位置付けられます。

楽器奏者や歌手などの実演家(パフォーマー)には、著作権と類似の権利である「著作隣接《ちょさくりんせつ》権《けん》」(第10章参照)が与えられます。著作権のすぐ隣にあるという意味でよく「隣接権」とい

う言い方をします。シンガーソングライターの場合、音楽の著作物を作る行為と、歌う、(ギター、ピアノなどを)演奏する行為の両方について権利が得られます。

③はダンスやバレエ、パントマイムを指します。この場合の注意点は、動作や振りを考案した人が権利を持つということです。ダンサーなど演じる人は実演家であり、著作権を持ちません。彼らが持つのは②でも述べた著作隣接権です。振付師とダンサーが同じ人なら、このダンサーは著作権と著作隣接権を同時に持ちます。

④は絵画、彫刻、粘土《ねんど》細工《ざいく》、イラスト、マンガの絵の部分がこれに相当します。あなたがノートに描いた落書きも著作権の対象となります。

⑤の建築は、アートの要素の強い建物を指します。誰が作っても同じようになる民家やオフィスビル、マンションには著作権が発生しません。ありふれた建築物を著作権の対象にしてしまうと、世界中でビルやマンションがスムーズに建てられなくなるからです。

⑥の地図。「客観的事実や測量結果で作られるから著作権は及ばないのではないか」と思う人が多いと思います。良い疑問です。だけど、あなたが自分の住んでいる街の地図を描くとき、目印になる駅やバス停、郵便ポストやラーメン店を強調したり、小さな路地を省略したりしませんか。その地域を見る人に分かりやすくするために、あなたなりの工夫や見せ方(創作性)が入ります。

⑦の映画は、動画全般に及びます。劇場映画だけでなく、テレビドラマやテレビコマーシャルの映像、アニメもこれに含まれます。ＹｏｕＴｕｂｅやＴｉｋＴｏｋなどのＳＮＳ上の動画もほとんどが対象となります。

⑧の写真は、商業的に流通するアート写真だけでなく、アマチュアが撮ったスナップ写真も著作物と認定される場合が多いでしょう。シャッターやスマートフォンのボタンを押す際に、私たちは「よりよい撮影をしたい」と思い、工夫するからです。つまり、創作性が反

映されるのです。

⑨はコンピュータープログラムのことです。動画や音声が重要なテレビゲームのプログラムのことを考えてください。なお、ゲームを作動させたときに画面に映る動画は、⑦として保護されます。

この9つの分類にもかかわらず、10条1項は多種多様な著作物の例示にすぎず、領域がまたがることもあります。たとえば、オペラやミュージカルなど総合芸術は、音楽的要素と美術的要素、言語的要素から成り立ちます。

あるものが「著作物かどうか」の判断は「思想または感情を創作的に表現したもの」と認められるかどうかに尽きます。迷ったときは、この規定の趣旨に立ち返って考えるといいでしょう。

ちなみに、味覚や嗅覚に訴えるものは、著作権の対象になりません。料理の美味しさは著作権の範囲ではありません。香水の香りにも著作権はありません。

第1要件：思想または感情を

さて、著作権制度のもっとも重要な部分である「著作物とは、思想または感情を創作的に表現したもの」について考えましょう。著作権について、迷ったときに、立ち返る最重要ポイントです。

まず、「著作物とは、思想または感情を創作的に表現したもの」を、

第1要件：思想または感情を
第2要件：創作的に
第3要件：表現したもの

の3つの要素に分けます。あるコンテンツが「著作物」となるためには、この3つの要件が揃っていなければなりません。

まず【第1要件：思想または感情を】を考えます。

あなたは「思想」や「感情」をどのように考えますか。思想と聞くと、もしかして、人生や社会、政治に対するまとまった考えや見解を思い浮かべるかもしれません。「封建《ほうけん》思想」「末法《まっぽう》思想」「啓蒙《けいもう》思想」などがそうですね。「思想史」という学問分野もあります。

しかし、著作権法が言う「思想」とは、必ずしもそのような考え方を指していません。あなたが「心に思い浮かべること」「考えたこと」「思いついたこと」「頭をよぎったこと」などを意味します。

「感情」も同じです。喜怒哀楽に代表される心の動きや気分の変化は、あなたという個人の内面で生じますすよね。

つまり、著作権法が言う著作物の根源は、一人の人間の内面(思想または感情)から出発したものです。裏を返せば、「人間の内面にルーツを持たないものは著作物にはならない」と言ってよいでしょう。

では「人間の内面にルーツを持たないもの」とは何か。「単なる事実やデータ」がその代表です。著作物ではありません。

たとえば、「東京のきょうの最高気温は38度だった」「私の誕生日は1月12日だ」「小学校に入学したとき、妹が生まれた」「水は100度で沸騰《ふっとう》する」はすべて事実またはデータです。

したがって、このような文章はいずれも「思想や感情」が表われていないので、著作物の第1要件を満たしていないということになり、著作権の対象となりません。

第2要件：創作的に

次に、【第2要件：創作的に】を考えてみましょう。もう一度、著作物の定義にもどると著作物とは、「思想または感情を創作的に表現したもの」とあります。つまり、ある作品が著作物となるためには、「創作性」がなければならないのですね。

では、この法律が言う「創作性」について考えます。

日常会話で用いられる「創作」という言葉は高度で複雑だという気がします。たとえば、レオナルド・ダ・ヴィンチやベートーヴェンの芸術作品のような、他と圧倒的に異なる創作性を連想する人が多いと思います。

ですが、著作権法が問題とする「創作性」とは必ずしも芸術的な独自性を意味しません。

ごく普通の人がコンテンツ(写真やイラスト、文章、映像など)を作り、第三者が見て、そのコンテンツからその人の個性が感じられたら、それは、著作物の要件を満たすと解釈されます。著作権法が求める創作の基準となるハードルは低いのです。

端的に言うと、「他人のコンテンツをものまねしていない」という状態であれば、「創作的に」の要件を満たします。だから、幼稚園児の描く「お父さんの似顔絵」も、その園児が誰かのまねをしておらず、園児が個性を発揮していることが似顔絵から感じられれば、著作物と認められます。

あなたが撮った家族やペット、友人のスナップ写真はどうでしょうか。カメラのシャッターやスマホのボタンを押すときに「おもしろい写真を」と工夫するのではありませんか。つまり創意工夫が入るので「創作性」を持つでしょう。

だけど、パスポートや運転免許証などの顔写真には著作権はありません。証明書用の写真には創作性がないと考えられます。むしろ、証明書用の写真に創作性があっては、ただちに本人であることが分からず、証明書の機能を果たさないでしょう。

また、作る人がプロかアマチュアかの区別はありません。先生と生徒で扱いに区別もないのです。作られたコンテンツが「人を感動させるか、させないか」という芸術的な価値や「売れるか、売れないか」という市場価値にも何ら関係がありません。

著作権を語るときに、どの程度の創作性（オリジナリティー）が求められるかというのは実は難しい問題です。決まった尺度はないのです。通常、Aさんによる作品とBさんによる作品があって、両者の類似性が問題になるのは、Aさんが「私の作品に似ている」と相手のBさんを責める場合です。言われたほうのBさんは「似てない。私のオリジナルだ」と言い、争うことはよくあります。

さらに、「だって、私の作品を見たじゃないか」とAさん。それに対し「いや、見てない。あなたの作品を知らない」とBさんが返します。このように、著作権でもめるときは、「似ている、似ていない」と「（相手のコンテンツを）見た、見ていない」が重要になります。いずれも線引きが難しい場合があります（第5章参照）。

第3要件：表現したもの

次に、【第3要件：表現したもの】を考えます。

著作権が問題になるのは、思想や感情が、「表現された結果」に限ります。「表現したもの」とは、端的に言うと、コンテンツとして「目で見え」「耳で聞こえる」ものです。視覚と聴覚に関わるものと思ってください。

頭の中にあるアイデアや構想、漠然《ばくぜん》とした思いは表現される前の段階であるので、著作権では保護しません。アイデアは著作物ではないのです。

「頭の中に浮かんだことが言葉にならない」ということはありませんか。これは、あれこれ考えても、表現できないということですよね。日常の生活でも「思っていること」（頭の中にあるアイデア）と、「表現すること」に差があるでしょう？　著作権が対象とするのは、「表現されたもの」に限ります。

あなたが小説を書こうと思って、ストーリーを考えたとしても、それが頭の中にある限りは著作物ではありません。小説が書かれて（表現されて）はじめて、著作権の対象となります。

絵画の例で言うと、仮に私が「りんごの絵を描きます」というアイデアを述べたとします。あなたは、私がりんごを何個描くと思いますか。それはお皿に載っているでしょうか、直接テーブルの上に置いてあるのでしょうか。木にぶら下がっているのでしょうか。アイデアと表現とは異なることが分かると思います。

あなたが『ロミオとジュリエット』を書くと

アイデアと表現の区別をもう少し具体的に考えてみましょう。
次の4つはいずれもアイデアです。

アイデア1　「未来から来たネコ型ロボット。ネズミに耳をかじり取られた」
アイデア2　「運命のカップル。しかし、親や周囲が反対している。この先、どうする？」
アイデア3　「謎の組織によって体を小さくされた高校生が難事件を解決する」
アイデア4　「1000年前からタイムスリップして来たお姫さまのアドベンチャー物語。十二単《ひとえ》がよく似合う」

このうち、すでに表現されていて、みなさんもすぐイメージが描けるのは、アイデア1とアイデア3ではないでしょうか。『ドラえもん』と『名探偵コナン』ですね。だけど、アイデア1やアイデア3から、別の作品を作ることは可能です。つまり、このアイデアだけでは表現が無数にあり、一つに決まっていません。

アイデア2は、いくつも物語(表現されたもの)があります。『ロミオとジュリエット』や『曽根崎心中』は典型です。実は、『ロミオとジュリエット』の前にも、たくさんの類似する物語がありました。よく知られているのは、古代ギリシア・ローマの『ピュラモスとティスベ』です。さらに、『ロミオ』を下敷きにして、20世紀になって大成功したのがミュージカルや映画にもなった『ウエストサイド物語』です。

アイデア4は私の思いつき(アイデア)です。具体的なコンテンツを私は作っていません。このアイデアを基にみなさんが、マンガか物語を作ってもかまいません。このアイデアについて私は何の権利も持たないのです。

　では、なぜ著作権法はアイデアを保護しないのでしょうか。それは、アイデアを保護すると、そこから生じるさまざまな創作の障害になるからです。アイデアの領域を自由にすることで、多様な作品が生まれ、豊かな文化を楽しむことができます。

　ただし、現実には、「アイデアが盗まれた」ことで不都合が起きることがあります。たとえば、私がマンガ家に先ほどの「アイデア4」の構想を詳《くわ》しく話したとします。もしそのマンガ家が、自身で作品にできるほどの絵やストーリー、セリフをイメージできた場合、私は「アイデアが盗まれた」と感じるかもしれません。しかし、そのマンガ家が私から表現をコピーしたわけではないので、著作権の問題にはなりません。

　とはいえ、アイデアは著作物を生み出す源泉です。もしも、あなたがプロのクリエーターであれば、盗まれて困るようなアイデアは話さないようにすることが重要かもしれません。

小説家Aさんは「すれ違い」劇の名手です。最新作では「あの世とこの世」を舞台にした悲劇を書き、ファンを魅了しました。

この小説を読んだ別の作家Bさんの新作は、Aさんのすれ違い劇を「天国と地獄《じごく》」に置き換えました。だけどBさんの小説は楽しいドタバタ劇です。

両方の作品を読んだ読者は、すれ違いのからくりが似ていると感じます。

では、この場合、BさんはAさんの著作権を侵害《しんがい》したことになるのでしょうか？

答えは「ノー」です。Bさんが使ったのはAさんの「すれ違い」というアイデアにすぎず、表現を模倣《もほう》していないからです。著作権ルールでは他人のアイデアは自由に使えるとされているため、一つのアイデアが悲劇にも喜劇にも生きるのです。

もっとも、アイデアと表現とが明確に区別しにくい場合もあり、事例ごとに判断する必要があります。

第4章
創作性がないコンテンツ

「思想や感情」「創作性」「表現されたもの」の3つのキーワードが揃ったところで、あらためて、著作物とは何かが、明らかになってきます。この3つの要件を満たせば、著作物なのですが、そうでない場合は、著作物ではありません。

よく誤解されるのが、お金や労力をかけたから、著作権が得られるのではないかということです。

電話帳、料金表、時刻表

電話番号そのものに著作権がないことは分かると思います。では、50音順で電話番号を記載している「電話帳」はどうでしょうか。作るにはお金も労力もかかりそうです。しかし、電話帳には著作権はないのです。電話番号を名字の「あいうえお」順で並べたにすぎず、思想や感情と関係はありませんし、創作性もありません。メディアが報じる株価や為替《かわせ》などの金融情報、スポーツ選手の記録やデータも同様です。

創作性がないという点で、交通機関の時刻表、クリーニング店の料金表、レストランのメニュー表、そうじ当番表、クラスや同窓会の名簿にも著作権はありません。誰が作っても同じ結果になるからです。

もっとも、お客さんが見る各種の料金表には、アイキャッチの装飾を入れるなど独自の工夫やデザインが施されている場合があります。この場合は、美術の著作物になりそうです。

円周率とトロイ遺跡

著作物にとって「思想や感情の創作的な表現」こそがすべて、コストや労力は関係ない——。

そう考えると、無限に続く数字の連続である円周率も、それがいかに時間やお金をかけて計算した結果であっても、著作物ではありません。

ただし、円周率に関する研究報告の論文やレポートは著作物となります。書き手の考え方や苦労した点、複雑な計算方法の解説などには創作性があるからです。

考古学者のシュリーマン(1822—90)は苦労してお金もかけて、「古代都市トロイは実在した」という事実にたどりつきました。それまでトロイは伝説、つまり空想の産物だったのです。だけど「トロイが実在した」という事実は「思想や感情の創作的な表現」ではありません。どんな人も、トロイについて自由に記述することができます。一方、トロイについての研究レポートや考古学論文は、書き手の文章や見せ方に創作性が発揮されるので著作物となります。

「国境の長いトンネルを――」

創作性の有無の議論で重要なのは「ありふれた表現かどうか」です。

社会で行き渡っている、ありふれた表現、誰もが使う表現は著作物にはなりません。「おはようございます」「窓を開けたら海が見えた」「夜も寝ないでがんばった」などはいずれも著作物ではありません。創作性のない「ありふれた表現」だからです。

大抵の小説や脚本は、極端に言うと、ありふれた言葉がちりばめられているものです。そもそも、ありふれた言葉がないと、読者は文章を理解できないのではないでしょうか。

この意味で、作品全体は著作物と認定されても、個々のパーツであるひとつずつの文章には著作権がないケースがほとんどです。

ノーベル賞作家の川端康成が書いた『雪国』を例に挙げましょう。作品そのものは著作物ですが、冒頭の「国境の長いトンネルを抜けると雪国であった」という有名な一文には創作性があるでしょうか。

ある晴れた冬の日、ドライブをしていて県境のトンネルを通行し終えたら、あたり一面が銀世界だったとします。『雪国』を知らない人がこの体験を一つの文章で表すと、川端康成が書いた文章と似てしまいそうです。一字一句同じでなくても、「似ている」と感じられたら、著作権ルールが適用されます。私はこの文章そのものには創作性がないと思います。誰でも自由に使ってよいでしょう。ただし、この一文はとても有名なので、この文章を自分の作品に取り入れる場合には、その点を認識しておく必要があると思います。

タイトルと見出し、時事の報道

本のタイトル(書名)は著作権で保護されません。『君たちはどう生きるか』『人間にとって科学とは何か』『初恋』『百年の孤独《こどく》』『ひまわり』などは、短かすぎて創作性がないからです。それに、タイトルを著作権で保護すると、後発のクリエーターがこれまでに出回った著作物のタイトルを使えなくなってしまいます。

新聞や雑誌の見出しも同様です。「台風、明日関東地方へ上陸」「○○大臣が辞任表明」「○○選手、スペインチームに移籍」といった見出しには著作権がありません。

実は、見出しよりももう少し文章の長い「時事の報道」にも著作権はありません(10条2項)。たとえば、《25日午前3時ごろ、○○市の繁華街《はんかがい》で「2階建てのビルが燃えている」と近隣住民から119番があった。消防車が20台出動した。○○署によると、ビルは全焼したが、けが人はなかった》という記事には著作権はありません。

事実しか記されておらず、文章に創作性がみられないからです。新人記者が書いても、ベテラン記者が書いても同じような結果になりがちです。

コラム◎ありふれた表現のチカラ

「ある日の事でございます」(『蜘蛛の糸』芥川龍之介)

「メロスは激怒した」(『走れメロス』太宰治)

いずれも作品の冒頭です。これだけでは創作性があるとは言えない、ありふれた表現ですが、読者を一瞬で本編に引きずり込みます。「木曽路《きそじ》はすべて山の中である」(『夜明け前』島崎藤村)や「山椒魚《さんしょううお》は悲しんだ」(『山椒魚』井伏鱒二)も負けていません。

ありふれた表現の力を感じます。

夏目漱石の作品も秀逸です。「吾輩は猫である。名前はまだ無い」(『吾輩は猫である』)に作品のエッセンスを感じます。

小説家はありふれた表現を自在に使いこなし、読者のハートを奪います。

だから、でしょうか。作家は結末にも力を込めます。芥川龍之介は『羅生門《らしょうもん》』の最後の一文には徹底的にこだわったそうです。悩んだ末に「下人の行方《ゆくえ》は、誰も知らない」を選びました。

そうして読者を一気に突き放すのです。

第5章
あなたが「キング」になるとき

ここまで、著作物の作り手を表す「著作者」という言葉を使ってきました。第1章で述べたとおり、著作者は「キング」です。ここでは「著作者(キング)とは誰のことか」についてきちんと考えましょう。どうすれば著作者になれるのでしょうか。

実は、著作者になるのは簡単です。

たとえば、あなたの大好きなワンちゃんを撮影するとします。あなたが世界で一番かわいがっている存在なので「できるだけかわいく」撮ろうとします。動作としてはスマートフォンのボタンを押すだけです。そうするとあなたは撮影した写真の著作者となるのです。

撮影するほんの数秒のうちでも、あなたは「構図」「角度」「光線の具合」「撮影のタイミング」を考えませんか。よい表情を引き出そうとしてワンちゃんに話しかけることはありませんか。「思想や感情の創作的な表現」があれば写真は「著作物」になると言いましたね。「できるだけかわいく」撮影するため、あなたの「思い」や「気持ち」(つまり思想や感情)が入れば、写真はあなたの「創作的な表現=著作物」となります。あなたはその写真の著作者、つまりキングになるのです。

手続きも届け出も不要

カメラのシャッターやスマホのボタンを押すだけで「著作者」になれるのですから、「え、本当に私が著作者なの」とあなたは驚くかもしれません。だけど、プロの写真家も同じ動作をして写真という「著作物」を作っているではありませんか。著作権はプロとアマチュアを区別しないのです。年齢もどんな仕事をしているかも関係ありません。

では、コンテンツを作り、著作権を手に入れたいと思ったときに、国の窓口かどこかに届ける必要があるのでしょうか。どうすれば著作権を得られるのでしょうか。

著作権を持つために登録手続きは一切不要です。役所や専門の窓口に届け出たり登録したりする必要もありません。

これは著作権の大きな特徴です。文章や音楽、画像、動画、マンガなどのコンテンツに創作性があれば、作った瞬間に権利が得られ、国によって保護されます。作品が完成していない途中の段階でも、著作物の3つの要件（第3章参照）が揃っていれば、あなたが描いた絵も、あなたが撮影した動画や写真も、作った音楽も、それぞれについてあなたが著作者になります。

手続きや申請などの方式（手続き方式）が不要であることを**「無方式主義」**と言います。日本を含む多くの国が著作権の手続きについて無方式主義をとっています。

あなたが撮影したワンちゃんの写真も、図工の時間に描いた水彩画も、スマホで撮影したなわ跳びの動画も、それぞれ作った瞬間に「著作物」となり、あなたはその作品の「著作者」となります。著作権を得るのはハードルが低いのです。

無方式主義の最大の利点は、作品が作られるときに国や権威者《けんいしゃ》による事前チェックを受けないことです。自由な作品を豊富に持つためには、無方式主義であるべきというのが国際的な理解になっています。

お金を出したかどうかは関係ない

著作物を考えるときに、「作り手」がいかに強い力を持つのかについて確認しておきましょう。「キング」の重みが理解できると思います。

仮に、ある学校が創立50周年を記念して、デザイン会社にＡ４判のカラーチラシの制作を依頼する場合を想像してください。

学校はデザイン会社に５０００枚のチラシを作ってもらうとします。学校側は50年の歴史を飾る資料やアイデアをデザイン会社に提供します。料金も支払いました。

約束の2週間がたち、チラシ５０００枚が学校に納品されました。

ところが、チラシは予想したよりも早いペースでなくなりそうです。「あと１００枚しかない」となったときに、あなたならどうしますか？　あと３００枚はどうしても必要なのです。

「しょうがない、事務室かコンビニでコピーしよう」と思うかもしれません。その場合、デザイン会社に話しますか？

正しい方法は、デザイン会社に頼んで増刷《ぞうさつ》してもらうことです。お金がかかると思いますが、しかたありません。チラシは著作物なので、この場合のキングはデザイン会社（あるいはデザイナー）です。キングである会社の意向を聞かなければなりません。

もしもデザイン会社が「どうぞ。勝手にコピーしてくれていいですよ」と言ってくれれば、学校はコピー機でカラーコピーができます。だけど、「無断コピーはダメです。私たちが増刷します。チラシの著作権は私たちが持っています」と言われたら、キングに従うしかありません。

また、学校側は、作ってもらったチラシを無断で学校のホームページにアップロードすることもできません。そういう約束をしていないからです。

これが著作権ルールです。キングである著作者には作ったコンテンツについて強い力があるのです。勝手にコピーされない権利(複製権、第8章参照)をはじめとして多くの権利を持っているのです。何も取り決め(契約)をしていない場合は法律が優先され、著作権はチラシを作った会社が持つことになります。

作った人がコンテンツを支配します。お金を出したかどうかは関係ありません。

著作者と著作権者

だけど、チラシを作ってもらうときに、「お金と引き換えに、5000枚のチラシと一緒に著作権も渡します」と取り決めをしていれば（契約を結んでいれば）、学校側は自由にコピーができるし、ホームページにアップすることもできます。

つまり、学校がデザイン会社に依頼するときに、権利がお客（この場合は学校）の側に移るのか、制作したデザイン会社に帰属するのか、あらかじめ取り決めをしておくことが重要です。

著作権ルールでは、キングである著作者は、著作権を他の人に譲渡することが可能です。つまり著作者は、「チラシの権利は学校に譲渡します」「なので、ホームページにアップするのも、撮影してPRビデオに使うのもご自由にどうぞ」と、自分の著作権を人に与える、売る、相続させることができるのです。

この時点から著作者ではないが著作権を持つ人（**著作権者**）がクローズアップされてきます。作品が作られた時点では作った人が「著作者」であり「著作権者」だったのですが、ただちに両者が分離します。著作者が作品の権利を譲渡すると、権利を受け取った人が「著作権者」になります。著作者が権利を失いたくないのであれば、「ライセンス契約」という方法で、自分に権利を残したまま、部分的に権利を貸し出すこともできます。

みんなで作る共同著作

作品の作者（著作者）は一人であるとは限りません。著作物によっては二人以上の人が共同で作ることもあります。複数の人が作った作品で、それぞれのパーツを分離できないようなもののことを**「共同著作物」**と言います。

あなたが経験する共同著作の典型例は、クラスで作る「学級新聞」ではないでしょうか。学芸会や運動会の出来事、遠足の様子を伝えるときに学級新聞を作ることがありますよね。壁新聞のように大きめの紙にみんなでレイアウトを作って書く場合もあれば、オンラインで情報を交換しながら、タブレットで文章や表、イラスト、写真を持ち寄って作る場合もあるでしょう。このようにしてみんなで作る学級新聞は、共同著作物に位置づけられます。

著作権を持つのは制作に参画した人全員です。クラスの全員の場合もあれば、新聞委員で作ったときは、新聞委員会の人たちが権利を持つことになります。「クラスが運動会のリレーで優勝した」というニュースを複数の人で話し合いながら書けば、その部分は「リレーのニュースを受け持った」人全員が著作者となります。

しかし、クラスのニュースに混じって「わが家にワンちゃんが誕生」のような、あなたでしか書けないニュースを取り上げることがあるかもしれません。その部分は執筆し、写真を掲載したあなたが著作者となります。同じように担任の先生が一人で書いた「私の小学生時代」を載せたら、この部分の著作権は先生が持ちます。

学級新聞をホームページやSNSにアップロードする場合、制作に関与したすべての人の許可が必要です。全員が著作者だからです。インターネットにアップすることは学校という閉じた世界を離れて、一般公開することと同じなので、そこまで視野にいれる必要があります。

なぜ権利者をはっきりさせるのか

あるコンテンツの権利を誰が持つのか、はっきりさせておくことはとても重要です。ボールペンや消しゴムを借りるとき、持ち主が分からないと誰に許可を願い出ていいか分からないですよね。

著作物についても同じです。タブレットを使ってみんなで作った「学級新聞」を1年後、あるいは卒業後に印刷して配ろうとすると、「誰に尋《たず》ねてよいのか分からない」ということが起きます。

あるいは、こんな例はどうでしょうか。みなさんの作った学級新聞が保護者の間でも話題になりました。やがて地元の放送局が興味を持ち、「学級新聞について取り上げたい」と言ってきました。放送局に対して、校長先生がOKすればよい問題でしょうか。あるいは担任の先生が勝手に決めてよいと思いますか。クラスの成果についての話なので、学級会で話し合うのが筋ではないでしょうか。「わが家にワンちゃんが誕生」の記事を書いたあなたの意見を聞かなくてよいでしょうか。

こうやって考えると、作った人が誰かを特定することは重要だということが分かると思います。

学級新聞の利用についても、あらかじめクラス全員で合意形成をしておくことが必要です。そうしないと、学年が上がったり、卒業したりして、クラスの仲間がバラバラになってしまったとき、自分たちの学級新聞をどう扱ったらよいのかについて確認することがとたんに難しくなります。

「何だか面倒だな」と思ってしまいますが、自分たちの作った成果が知らないうちに改変されたり、勝手に広まることは避けたいと思いませんか。自分が関与した著作物について、権利の所在をはっきりさせておかないと、あなたの作品を使いたいという人がいても、あなたの許可が得られないため流通しないかもしれないし、流通する場合でもあなたの意に反した形で取り扱われるかもしれません。

もめたときは裁判所で

ところで、著作権を得るのに申請や手続きは不要(無方式主義)と言いましたが、「誰が著作者か」についてもめたときはどうするのでしょうか。届ける窓口がない、ということは、著作物を総合的に監督している機関がないということを意味します。自由に著作物を作れるという点ではメリットですが、もめたときはどうしたらいいのでしょう。

あなたがタヌキの絵を描いたと仮定しましょう。「自分の描いた絵に本当に著作権があるのか」「もし、他にすでに似たようなタヌキの絵の著作物があったらどうしよう」と思ったときに、どうやって確認すればよいのでしょうか。

タヌキの絵に著作権があるのかどうかを判断できるのは裁判所のみです。しかし、この場合でも「私のタヌキの絵に著作権があるのか」という問いかけを受け付ける仕組みはありません。唯一の方法は、著作権のトラブルが起きたときに「第三者の目ではっきり判断してほしい」と、当事者が裁判に持ち込むしかないのです。

たとえば、あなたが描いたタヌキの絵について、誰かが「私の著作権を侵害《しんがい》している」と不満に思ったとしましょう。当事者の間で解決ができない場合、裁判所の判断を仰ぐことになります。裁判官は著作権法や判例を参照し、「著作権があるかないか」「侵害があるかないか」「著作者は誰か」などを判定します。

あなたは「判定センターのようなものがあれば便利だ」と思うかもしれませんが、全国で日々生まれるたくさんの著作物を一つ一つ判断することは誰にもできません。

他方で、判定センターがないということは、国や権威者が創作に「口をはさまない」ことを意味します。表現の自由を尊ぶ自由主義の国にとって、このことはとても重要です。あなたがタヌキの絵を描く際に、判定センターによる創作性の判断を気にせず、自由に表現できることが、「文化の多様性」に貢献するのです。

著作権侵害のリスク

著作権を侵害すると、損害賠償《そんがいばいしょう》の対象や刑事罰の対象となります。法律上のリスクと言ってよいでしょう。

人気マンガやゲームのキャラクターのフィギュアを作って、自分で楽しむことは私的な目的の使用です。これは何の問題もありません。だけどそのフィギュアの写真をＳＮＳにアップロードしたり、販売したりすることはできません。自分で楽しむという範囲を超えてしまうので、マンガやゲームの著作権者の権利を侵害することになります。

「著作権の知識がなかった」「うっかりしてました」という言い訳は、一度や二度なら通る

表２　権利者ができる民事上の請求

差止請求	著作権法違反が起きている（起きそうな）行為を強制的に止めさせる
損害賠償請求	著作権が侵害されたために損した分のお金を支払ってもらう
不当利得返還請求	侵害者が得た利益を返してもらう

＊著作権を持つ人が民法に基づいて裁判所に訴えることが前提

かもしれません。しかし、権利者からの「やめてください」という要求を繰り返し無視すれば、警察が関係する刑事事件になったり、被害を受けた人から訴えられて民事事件になる可能性があります。再三の注意を無視して人気マンガを投稿サイトにアップし続けた中学生が逮捕されたケースもあるのです。

刑事事件となった場合、もっとも重い罰則は、海賊版《かいぞくばん》のアニメやマンガの販売などに適用される「１０００万円以下の罰金または10年以下の懲役《ちょうえき》」です。罰金と懲役の両方が科せられることもあります。

民事事件の場合、被害による損害額を支払うことが求められます。権利者は**表２**のような請求ができます。

親告罪というルール

ところで、サッカーの試合であれば、審判が「ピー」と大きな音でホイッスルを鳴らして「今、ルール違反があった」と宣言しますね。

その瞬間、試合が中断し、プレーヤーと観客は「違反があった」ことを知ります。

では、著作権の場合、ルール違反(著作権侵害)はどのようにして明かされるのでしょうか。ホイッスルを吹く人はいません。著作権の場合、被害にあった人が「この人を罰してほしい」と警察(もしくは検察)に通知しなければ、何も起きないのです。

被害者が告訴しなければ、捜査や起訴を行うことがない犯罪のことを「**親告罪**《しんこくざい》」と言います。

なぜ、親告罪のルールがあるのでしょうか。それは、「被害者は必ずしも、犯罪の摘発を希望しないかもしれない」という被害を受けた側の意思を尊重しているからです。

たとえば、あなたが描いた絵を友人が無断でSNSにアップしたとき、すぐさま著作権侵害で訴えたいと思わないかもしれません。「悪いことをした。ごめん」と友人が謝罪してくれたら、それで済むこともあるでしょう。

もしも親告罪のルールがなかったら、第三者があなたに連絡することもなく「この人、犯罪をしています」と、友人のことをいきなり警察に通報することができます。もっと言うと、犯罪の疑いを抱いた警察がいきなり動き出すかもしれません。これだと、著作権者が望んでいないのに逮捕される人が出るかもしれません。私は、これはよいことだとは思いません。

そうは言っても、親告罪のマイナス面があります。自分に起きた被害を何とかするために、「罰してほしい」と公的な機関に申し出るには勇気が要るからです。他方で、親告罪ルールであるがゆえに、著作権侵害をする人にすれば、「どうせ訴えられることはない」と安心してしまうという側面もあります。

著作権の有効期間

著作権は3つの要件が揃えば自動的に発生すると言いましたが、では、いつか消滅するのでしょうか。

ある著作物について著作権が有効でなくなるまでの期間を、著作権の「保護期間」と言います。保護期間は、作者が著作物を作ったときに始まり、著作者が亡くなってから70年続きます(正確には死亡した翌年の1月1日から70年です)。

あなたが絵を描いたら、生きている間はずっと著作権が有効です。さらに「あなたの死後70年」はあなたの子どもや孫、あるいはあなたが指定した人が権利を受け継ぐのです。

70年が過ぎると、公共のもの(パブリックドメイン＝公共財)になります。誰もが自由に使えます。たとえば、レオナルド・ダ・ヴィンチが描いた『モナ・リザ』はパブリックドメインなのでイラストやマンガに描き変えることも自由に行えます。モーツァルトやベートーヴェンの音楽がCMソングに編曲されることはあたりまえに行われています。

表3　著作権の保護期間

実名の著作物(みんなが知っているペンネームの場合も)	死　後70年
無名・変名(ペンネームで，その人を特定できない場合の)の著作物	公表後70年
団体名義の著作物	公表後70年
映画の著作物	公表後70年

夏目漱石(1916年没)の全作品もパブリックドメインです。誰かの許可を得ることなく、映画化する、マンガ化する、テレビドラマ化することが可能です。

「学級新聞」のような、みんなで作った団体名義の共同著作物は、「公表後70年」まで著作権があります。映画も「公表後70年」です。また実名ではなくペンネームを使った場合や、共同名義の場合などの保護期間も決められています(表3参照)。

ところで、著作物の保護期間は国によって異なります。日本やヨーロッパ、米国など多くの国が著作者の「死後70年」ですが、これより長い国もあれば短い国もあります。日本も2018年に法律を改正するまでは「死後50年」でした。

なお、著作権には私たちの内面に関わる著作者人格権と経済的な利益に関わる著作(財産)権の2つがあります。前者の著作者人格権は、著作者が亡くなると同時に消失します。この2つの権利については、第6~8章で学びます。

コラム◎記事は新聞社のもの? 記者のもの?

新聞記事は通常、一人の記者が執筆し、印刷されるまでデスク(編集者)や校閲《こうえつ》担当者など何人ものスタッフによる加筆・修正が入ります。

では新聞記事の著作権は記者のものではないのでしょうか。

新聞社において、記者(従業員)が執筆した記事(撮影した写真も)は会社の著作物とされます。これを「職務著作」(あるいは法人著作)と言います。特段の取り決めがない限り、個々の記者は著作権を持ちません。

ただし、外部の評論家やアナリスト、大学教員などが記事を寄稿する場合は、新聞社と雇用関係にないため、それぞれが独自の著作者となります。４コママンガの著作権はマンガ家に、連載小説について言えば、作家と挿絵《さしえ》を描いているイラストレーターがそれぞれ権利を持ちます。

一般企業や団体でも従業員や職員が仕事上で作るプレゼンテーションのスライドや報告資料は通常、職務著作となり、企業や団体が著作権を持ちます。

第6章
「傷ついた」「盗まれた」と感じたら

著作権のことを理解するコツは、「もしも自分がクリエーターだったら」と想像してみることです。

著作物をめぐって、「ユーザー」と「クリエーター」はまるで違った見方をします。ときに、両者は対立してしまいます。

ユーザーは「できればタダで使わせて」「自分流に変更したい。ちょっとぐらいならいいでしょ」と思い、クリエーターは「無料？　ありえません。時間も労力もかかっています」「作品に手を入れる？　やめてください。傷つきます」と思っています。

クリエーターの立場にたって著作物を眺めると、著作権が一段と理解しやすくなります。なぜなら著作権とは著作者である「クリエーターの権利」だからです。

著作権が保護するクリエーター（著作者）の権利は次のように分類されます。

（１）著作者が著作物に込めたハートや気持ち、こだわり
（２）著作者が著作物から得られる金銭的価値

（１）を保護するのが**「著作者人格権」**、（２）を保護するのが**「著作（財産）権」**です。クリエーターが保護してほしい権利は、大きくこの２つに分類されます。「著作（財産）権」は、著作権法の中では単に「著作権」と表記されていますが、この本では財産やお金に関わる権利を強調する場合は「著作（財産）権」と表記することにします。

著作者人格権――傷ついたと感じるとき

仮にあなたが大好きなワンちゃんのイラストを描いたとします。友人に見せたら、「かわいい」とほめてくれたので、そのイラストを友人にあげました。数日後、その友人があなたに無断で、自分のＳＮＳにアップしたことが分かりました。しかも、まるで自分でイラストを描いたかのような説明をしています。

もっと重大事がありました。イラストが部分的に修正されているのです。オリジナルのワ

ンちゃんはブルーのスカーフをつけているのに、友人はスカーフを赤いリボンに変えているではありませんか。

これを知ったあなたは、不愉快《ふゆかい》になります。だんだん腹が立ってきます。友人にあげたことを後悔します。何だか「傷ついた」気分です。

では、なぜあなたは傷ついたと感じるのか。

あなたが描いたワンちゃんのイラストには、あなたの個性が出ています。あなたの内面が表に出たもの、と言ってもいいでしょう。イラストであれ、作文であれ、自分の作品がほめられるとうれしくなり、けなされると悲しくなるのは、自分が心を込めて作ったものなので、自分自身がほめられたり、けなされたりするように感じるからではないでしょうか。

つまり、ワンちゃんのイラストはあなたの人格そのものです。友人が大切に扱ってくれたらよかったのですが、単なるモノとして都合よく扱われたことで、あなたは傷ついたのではないでしょうか。

著作権法という法律のうち著作者人格権は、作品の作り手の気持ちを重要視しています。日本の著作権法の基本的な考え方では、作品は「作り手の人格の延長」「作り手の分身」と位置付けられているのです。

著作（財産）権――盗まれたと感じるとき

今度はお金の話です。イラストがお金を生む場合を考えます。あなたがアマチュアのイラストレーターであっても、作品が売れる場合があります。

たとえば、先ほどのワンちゃんのイラストの画像データを、あなたの友人が黙って知り合いのデザイナーに、お小遣い程度のお金と引き換えに渡したとします。あなたは偶然にそのことを知りました。今回もあなたは、腹が立ちます。

ではその怒りの中身は何でしょうか。

あなたのイラストから得られる収入は、本来あなたのものですよね。それが受け取れなかったのです。お金を得るチャンスが損なわれたのです。端的に言うと、作品が「盗まれた」のです。

もしも、コンテンツが第三者の手によって、「作り手」の知らないところで出回れば、作り手に金銭的な還元がなくなってしまいます。

たとえば、写真家のAさんが作った写真集をBさんが勝手に複製を作ってばらまけば、Aさんの存在は宙に浮いてしまいます。

Aさんが投下したコスト(創作力、時間、労力、資源など)をAさんが回収できません。作者であるAさんの名前がないまま作品だけが流通する事態が起きたり、もっとひどい場合は、無関係のBさんが「作り手」として名乗りを上げ、金もうけをしたりするかもしれません。

こう言うと、「作品さえ流通すればいいじゃないか。よいコンテンツなら『世のため、人のため』に使うべきじゃないですか」と言う人がいるかもしれません。

確かに、お金もうけを考えず、コンテンツを作って無償で世に出すことは可能です。そして、そういうクリエーターも存在します。

また、インターネットで活躍するライターの中には、お金よりも自分のコンテンツが広まることを何よりの喜びと考える人は多いものです。まずは、「売れっ子ライター」になって名声を確立してから、独自のビジネスをしたいと考えている人もいるかもしれません。

次のように言う人だっています。「他人がコピーしても、手元にはオリジナル作品が残るのでいいじゃないか」「減るもんじゃなし……」

だけど、これは正しくありません。それはクリエーターが持つ「著作権とお金の関係」が分かっていない人のセリフです。「減るもんじゃなし」は正しくありません。非正規版が世に広まってしまうと、正規版を買い求める人の数が減ってしまうからです。無断コピーが「海賊《かいぞく》行為」にたとえられることが理解できると思います。

ハートを守り、財産を守る

繰り返しになりますが、著作者の権利を保護する著作権法は、大きく言って(1)作った人の人格が守られる権利＝「著作者人格権」と、(2)コンテンツから正当にお金を得る権利＝「著作(財産)権」の2つから成り立ちます。

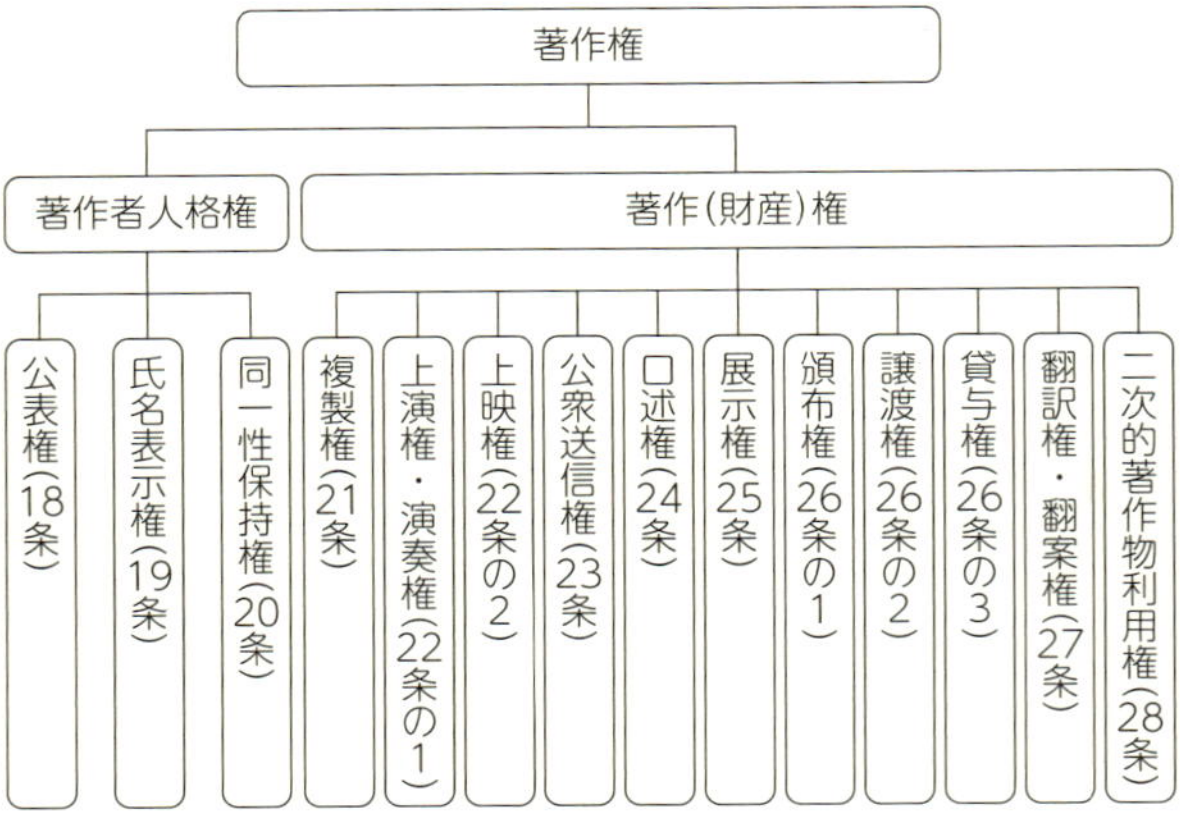

図1　著作権の全体像

図1を見てください。著作権がどのような権利で構成されているかが分かると思います。著作権は、複製権、演奏権、公衆送信権など、利用方法ごとに「○○権」と権利を定めています。そして、それぞれの権利に対して、利用の都度、著作権者の許諾《きょだく》を必要とします。そのため、著作権は「権利の束」であると言われ、それぞれの権利を「支分権」と言います。実は、「著作権」というのは、それぞれの権利をまとめた全体の総称なのです。

著作(財産)権で「○○権」という名称が出てきますが、これを「勝手に○○されない権利」と読み替えると、理解が進みやすいでしょう。たとえば複製権は「勝手に複製されない権利」ですし、上演権は「勝手に上演されない権利」です。

それぞれの支分権について、第7章と第8章で詳《くわ》しく見ていきましょう。

コラム◎コミケ、二次創作、著作権

コミケ(コミックマーケット)では、ファンが人気マンガやアニメをまねて新たな作品を作り、同人誌やグッズとして販売しています。このような作品のことを「二次創作」と呼びます。原作のクリエーターの許可を得ないまま、別のストーリーを作ったり、新しいキャラクターを加えたりします。ファンの間で楽しむために流通させているのです。

では、二次創作と著作権の問題をどう考えたらよいのでしょうか。二次創作を行う場合、オリジナル作品に新たな表現が加わるので、本来なら原作のクリエーターの許可が必要です。ところが、コミケでは原作の著作権者(クリエーターや出版社など)が二次創作を黙認しているので、著作権のことがあまり問題になりません。著作権法の「原作者が訴えなければ、罪に問われることはない」という親告罪《しんこくざい》ルール(第5章参照)があるためです。つまり、場合によっては「やりすぎです」と原作者からダメ出しが来る恐れもあると理解してください。

とはいえ、二次創作の作品は常に新しいアイデアを探しているクリエーターに「新しいヒント」を提供してくれるのです。その意味で、コミケはファンとクリエーターが出会う場なのかもしれません。

出版社のほか、アニメやゲーム会社もコミケに注目します。コミケは、将来有望なマンガ家やアニメ制作者を発掘する場でもあるからです。

コミケは東京で夏と冬に開催されるお祭りです。コスプレ姿の人も多く、毎回数十万人もの人が押し寄せます。

第７章

ハートを守る著作者人格権

大学で著作権の講義をしていて、学生が一斉に私に注目することがあります。それは、子どものころに国語の課題で書かされた作文の話をするときです。

「自分が書いた作文を、先生が断りなく読み上げたことはありませんか?」

こう言うと「ある、ある」「嫌な時間だった」という感じの、苦い表情になるのです。多くの学生が、心がざわつくような経験をしています。「いきなり読みあげられて、動揺した」「恥ずかしかった」「せめて名前を言わないでほしかった」「先生は子どもの気持ちが分からないのだろうか」と苦々しそうです。

「それって著作権と関係あるの?」

はい、あります。実はこれは著作権の2つの大きな柱のうちの、著作者人格権に関係します。

では、著作者人格権とはどのような権利なのでしょうか。より具体的に3つの権利があります。**①公表権**、**②氏名表示権**、**③同一性保持権**です。

これらを学校現場でみなさんが遭遇しやすいケースに照らし合わせてみましょう。イメージが描きやすいと思います。

公表する、しない

まず、**①公表権**は、作品を「公表するかしないか」や「公表の方法やタイミング」などを決める権利です。国語の作文課題を例にとります。この場合、「キング(著作者)」は誰でしょうか？　書いたあなたですよね。

先生がいきなり、あなたが書いた作文を皆の前で読み上げる(公表する)ことで、あなたが嫌な思いをする。このことを防ぐのが著作者人格権の中の「公表権」です。公表権は著作者本人、つまりキングのあなただけが、公表するかどうかを決めることができる権利です。

作文には多かれ少なかれ、外からは分からないあなたの気持ちや心の状態が現れます。クラスメートに知られたくない事柄が書かれているかもしれません。それを公表するかどうか、つまり、先生があなたの作文を読み上げてよいかは、作者のあなただけが決めることができるのです。

先生が事前に「作品を読み上げるかもしれないよ」「文集に載せるよ」と生徒に知らせて許可を取っていない場合は、作文を読み上げたり、文集に掲載したりできません。著作者（キング）の公表権を侵害《しんがい》することになりかねません。

あなたが描いた絵をあなたの了解なしに先生が展覧会やコンクールに出品することも同じです。

名前を出す、出さない

それなら「作者の名前を伏せて、読み上げたらよいのか」というと、そんなことはありません。同じく著作者人格権の中の②**氏名表示権**に関わります。

作文を先生がみんなの前で朗読する場合、あなたは「私の名前をちゃんと出してほしい」

と思うかもしれませんよね。

「名前を出す」「出さない」「ペンネームで」を決めることができるのが氏名表示権です。キングであるあなたの権利です。

「作品は出すが名前を出したくない」ということもあるでしょう。

あなたは、世界的に有名な路上アーティスト「バンクシー」を知っていますか。この謎の画家の「ストリートアート」という独自の表現方法は、名前を出さないことで成り立っています。バンクシーという名前はペンネーム(絵を描くときの名前)かもしれませんが、素性を明かさないことでより注目を集めていると言えるでしょう。バンクシーの作品の多くは公共物や私有物への勝手な落書きであり、法的な問題を避けるためにあえて匿名《とくめい》で活動しているのかもしれません。

SNS時代の今、あなたがペンネームやハンドルネームを持っていても不思議はありません。「先生、私のペンネームを言って朗読してね」ということだってあるでしょう。会社員や公務員で小説を書いている人は多いのですが、多くの人が「ペンネーム」で作品を発表しています。本名を使わない方が活躍できると考えてのことでしょう。野球の「イチロー」も歌手の「MISIA」も本名ではありません。多くの芸能人は芸名で出演します。

「サクラ」「さくら」「桜」「SAKURA」？

③の**同一性保持権**は耳慣れない言葉かもしれません。これは、勝手にコンテンツの内容を改変されない権利を意味します。

先ほどの、先生があなたの作文を読み上げる例にもどりましょう。仮に先生が、①と②についてあなたから同意を得たとしても、先生は作文の内容を変えて読み上げてはいけません。文章の順序を変えたり、省略したりしてもいけません。作品の「同一性」が保たれないからです。

作文を文集に掲載する場合、あなたが選んだ「サクラ」という表記を先生が勝手に「さくら」や「桜」に変えることもダメです。あなたは「サクラ」について強いこだわりがあってあえてカタカナ表記を選んだのかもしれません。「SAKURA」でなければ、いや」という人もいると思います。

作文だけでなく、図工や美術の時間に先生があなたの絵や粘土《ねんど》細工《さいく》に手を加える場合も、先生はあなたの許可を得るのが著作権ルールの基本です。

先生は「良かれ」と思ったかもしれないが

先生の中には、「読み上げるのは模範となる作文だ。選ばれた子どもは喜んでいるはず」と思う人もいるかもしれません。しかし、私たちの内面のことは誰にも分かりません。私たちが本当は何を考えているのか、先生も知らないはずです。先生は「生徒は喜んでいるはず」と、思っているかもしれませんが、それが裏目に出ることもあります。

これらはいずれも著作者人格権の分かりやすい例示にすぎません。

先生の中から「生徒の意向にいちいちかまっていては、授業が成り立たない」との声が聞こえてきそうです。現実には、生徒のみなさんも先生の意図を承知していると思います。作文の読み上げなどは、学校教育にはつきものであることを理解しているでしょう。

それでも私と接する大学生は、子ども時代を振り返るとき、「気に入っていた粘土細工を変えられちゃった」「読書感想文がいつのまにか『図書館だより』に掲載されていた」とこぼします。先生にすれば良かれと思って、指導上そうしたのでしょう。だけど子ども心に、

「そうしてほしくなかった」と嫌悪感《けんおかん》を持つことがあるのです。

現実に、子どものころに教室で作文が読み上げられたことで、「その後の態度を変えた」という声に触れたことがあります。あまりに恥ずかしくて、以後、「先生には本心を打ち明けることをやめた」というのです。作文にはどうしても書き手の内面が現れるので、こういう感想が出てくるのも当然だと私は思います。

ところで「授業の過程」では、著作権が制限される(第9章参照)ため、「著作者人格権のことを考える必要がないのでは」と思う人がいるかもしれません。しかし、「人格」についての権利は制限されることがありません。著作権法は、お金に関わる権利(著作財産権)は制限できるとしても、人間の心や気持ちに関わる権利は別格であり、同じように扱うことができないと考えています。

コラム◎私が著作権を「推す」理由

私は今も小学校時代の図工の時間を忘れません。

水彩画を描いていたところ、見回りに来た先生が「ちょっと貸して」といきなり私の筆を取り、一本の大胆な線をさっと加えました。その瞬間、私の絵が生まれ変わり、絵の出来が一気に向上したように思いました。

「なるほど、絵はこうやって描くのか」とひらめきを得たように感じましたが、ちっともうれしくありません。目の前の絵が自分のものでないように感じたのです。

私は働き始めてから著作権を学びましたが、著作者人格権を知ったときに「この法律、優れている」と感動しました。クリエーターの内面（ハート）を守ることを視野にいれていることが素晴らしいと思ったのです。

私が多くの人に著作権を「推す」理由です。

第8章

財産的利益を守る著作（財産）権

では、著作者人格権と並ぶ、著作権のもう一つの大きい柱である**著作(財産)権**とはどのような権利なのでしょうか。

著作物は、お金(財産)と関わります。小説やマンガ、音楽、映画を思い浮かべると分かるように、著作物は商品となります。しかも、机や自動車、ナイフなどの形のある物体と違って、情報である著作物はコピーすることで無限に量産することができます(第2章参照)。このため、著作物が他人に無断で使われることは、「本来得られるはずの利益が得られない」ことを意味します。

著作(財産)権に属する権利は10種類以上あり、各権利のことを「支分権」と言います。ここでは、その中でも身近なものについて、次の3つの場合に分けて考えましょう。①**「コピー(複製)する場合」**、②**「人々に伝える場合」**、③**「改作(改変)する場合」**です。

無断で複製されない権利——コピーする場合

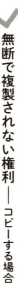

一番目の「コピー(複製)する場合」がもっとも重要です。著作権の中心にあるのは**複製権**です。著作権者(キング、またはキングから権利をゆずり受けた人)だけが自由に複製することができます。他の人は無断で複製できません。

著作権を英語で「コピーライト」(**copyright**＝コピーする権利)と言いますが、このことを端的に言い表しています。

「コピー(複製)する」とは、コピー機で書類をコピーするだけでなく、写真を撮ることも含みます。また、パソコンやスマートフォンに動画、音楽、写真、イラストを取り込むことも意味します。スキャンやスクリーンショットも実は複製行為です。機械に頼らずに絵筆で絵画を模写すること、講演の内容を一言一句、手書きで書き写すこともコピー行為です。

無断で上演、演奏されない権利——人々に伝える場合

二番目のコンテンツを「人々に伝える場合」も著作権が浮上します。

演劇やミュージカルを上演し、人々に観せたり、聴かせたりする権利を**上演権**と言います。他の人が勝手に上演することはできません。

「歌う」「楽器演奏する」など音楽を人々に聴かせる場合は**演奏権**です。音楽CDをかける場合も演奏権です。映画や映像をスクリーンに映すときは**上映権**が発生します。「勝手に上映されない権利」です。

口述権《こうじゅつけん》も重要な権利です。言葉で作られた著作物が勝手に口述されない権利です。作者だけが持ちます。小説、詩、エッセイなどの朗読会を有料で開催する場合、作者以外の人が、作者の許可を得ないまま、読み上げたり、暗唱したりすることはできません。

一つの詩が人生に影響を与える場合があります。気に入った詩を暗記し、それをそっくり誰かに紹介したい気持ちになるかもしれません。しかし、相手が多くの人々であれば、事前に許可を得なければならない場合があります。

本や絵本の「読み聞かせ」も口述権に関わります。

人々に伝えるという意味で、絵画や写真を展示するときに**展示権**が関わります。

テレビやラジオなどのマスメディアによる放送や、インターネットでコンテンツを送る（遠隔の人々に送信して伝える）場合には、**公衆送信権**が発生します。ここで言う「人々」とは、著作権法では、**「公衆」**と言います。

では、公衆とは実際にどのような人たちなのでしょうか。著作権法では「公衆」についても定義しています。

◉「公衆」って誰？

伝える相手である「公衆」について、一般に用いられる意味よりも、著作権法はもっと限定しています。

著作権法は「お互いがよく知っている」、つまり顔見知りの少数の人たち以外の集団をすべて「公衆」と定めています。特定可能で、かつ少人数の集団は「公衆」とは認められません。たとえば、家族だけの法事やいつものメンバーの集まりのような閉じた世界で、しかも少人数であれば、「公衆」ではありません。上映権、演奏権を心配する必要はありません。

それ以外は全部「公衆」に該当《がいとう》します。このように書くと、「え？　少人数の公衆ってどういうこと？」と疑問に持つ人がいると思います。

「少人数の公衆」とは次のような集団です。たとえば、５００人を収容できるホールで、ピアノコンサートを開催するとします。チケットを手に入れると、不特定の誰もが入場できます。だけど、コンサート当日、「集まったのは10人だった」ということもありえます。この場合「10人」ですが、主催者側が知らない不特定の人たちなので、これは「少人数の公衆」に相当します。この10人(不特定少数)に著作物を伝えることは、演奏権の対象となるのです。

一方、特定できる多人数の集団とはどんなものでしょうか。たとえば、会員制のショップがこれに相当するでしょう。会員が1万人いても特定できます。

「公衆」の分類について**表4**に示しておきます。

実はこの公衆の定義には問題があります。「多数」と「少数」について明確な線引きがないことです。これを私は専門家に聞いて回るのですが、すっきりしません。おおよそ、次のような「相場」があるように思います。

《親せきが集まる会食の場で数人の子どもがアイドルグループの歌をうたうのは「特定少数」だろう。その場の人たちはお互いをよく知っているはずだ。だから演奏権の問題は起きない。だけど、50人が集まる結婚式の披露宴《ひろうえん》は「特定多数」ではないか。もしも、参列者がみんなで人気のウエディングソングを歌えば、作詞家や作曲家の演奏権の侵害《しんがい》になるだろう……≫

表4　公衆の区分

	特定の人たち	不特定の人たち
多数	公衆(許可必要)	公衆(許可必要)
少数	公衆でない(許可不要)	公衆(許可必要)

現実には、結婚式では音楽をよく使うので、多くの結婚式場やホテルは、あらかじめJASRAC(日本音楽著作権協会)などの著作権団体と契約をしています。お客さんに代わって、権利の手続きや音楽の利用料の支払いを行っているのです。そして、お金は作詞家や作曲家に分配されます。

無断で改作されない権利――小説をドラマ化やアニメ化する

三番目にコンテンツを「改作する場合」を考えます。仮にあなたは小説家だとします。あなただけが**翻案権**《ほんあんけん》(勝手に翻案されない権利)を持ちます。他の人が、あなたの小説を無断でドラマ化、映画化することはできません。マンガを実写版として、映画化する、テレビドラマ化することも「翻案」

に相当します。

翻訳《ほんやく》も同じです。あなたの許可がないまま、他の人が外国語版を出版することはできません（**翻訳権**）。たとえば、日本語版の『ハリー・ポッター』シリーズ（J．K．ローリング著）は松岡佑子さんが手がけたものだけが正規の翻訳です。松岡さん（あるいは日本語版の出版社）はローリングさんと契約を結んでいます。他の人が日本語版を公表したり、出版したりすることは違法です。ローリングさんの翻訳権を侵害することになります。ただし、あなたが学校や家で学習のために翻訳し、先生やクラスメートと共有する分には問題はありません。「私的な目的の使用」、もしくは学校での「授業の過程」だからです。詳しくは、第9章で説明します。

ところで、あなたが書いた小説が映画化（翻案）された場合、あなたの権利はどこまでも維持されます。あなたの許可なく、映画会社が映画（あなたの小説から派生した二次的なコンテンツ）をDVD化して販売することはできません。あなたは**二次的著作物の利用権**を持っているからです。

あなたが書いたファンタジー小説『私のクマさん』（第1章参照）の例で言えば、この作品を基に映画の脚本家があなたの許可を得て映画版『私のクマさん』の脚本を書くとします。これは「二次的著作物」になります。この場合、映画版には原作者のあなたの権利と脚本家の権利の両方が含まれます。

コラム◎マンガや小説が実写化されるとき

マンガや小説を原作として、映画化やテレビドラマ化する場合の原作者の権利は強力です。原作者は「キング」であることを思い出してください（第1章参照）。あなたが書くファンタジー小説『私のクマさん』を映画化する場合、つまり翻案する場合、映画版『私のクマさん』は二次的著作物となります。映画版を作る脚本家がシナリオの著作権を持つのはもちろんですが、原作者のあなたも映画版の権利を持つのです。

たとえば、あなたの許可がないと、映画版でオリジナル小説のセリフを変えることは認められません。

『ハリー・ポッター』シリーズの原作者であるJ・K・ローリングさんは、この作品の映画化に際して、俳優の身長、髪の色、セリフの発音のしかた、舞台設定など細かなことまで指定したそうです。

「原作もの」の翻案で、キングの意向を尊重しないためトラブルになるケースが後を絶ちません。日本のエンタメ業界で原作者が持つ「翻案権」や「著作者人格権」など著作権の考え方が普及してほしいと願います。

第9章

著作権が制限されるケース

ここまで読んだ人は「どうしよう。知らないうちに他人の著作権を侵害《しんがい》してきてしまった」と感じるかもしれません。

たとえば、家でテレビ録画機を使っていませんか。録画機は、番組をコピーする道具ですよね。コンビニに行けばコピー機があり、本や雑誌、マンガを自由にコピーできます。インターネットで見たページのスクリーンショットを自分のタブレットやスマートフォンに保存していませんか。これも実は、コピー行為です。マンガの登場人物やコマを正確に描き写すこともコピー行為です。

学校の先生にとっても、教材やテストを作るときにコピー機は必須です。コピー機がなくては、遠足、校外学習、学芸会、運動会などの行事の関連資料が作れません。

でも、安心してください。

「著作権って、あれはダメ、これもダメという禁止だらけの窮屈《きゅうくつ》な取り決めだ」と思っている人が多いと思います。ところが、著作権制度は「著作権を気にせずに自由に使ってよい」という例外をたくさん設けています。

「著作権が出すぎないように」する例外措置を「著作権の制限規定」と言います。著作権ルールを厳格に運用すると、先人の著作物を参考にして新たな創作活動をすることが窮屈になり、結果的に「文化の発展」(１条)に支障が出やすいからです。例外とはいえ、私たちのふだんの暮らしや、学校教育に関係しているものばかりです。

日常の場面で「著作権のことを気にせずに著作物を利用できる」代表的なケースを６つ挙げます。

(1) 私的使用のための複製
(2) 学校など教育機関での複製
(3) 営利を目的としない演奏や上演、上映
(4) 引用するとき
(5) 意図しない著作物の写り込み
(6) パブリックドメイン(公共財)の著作物

ひとつずつ、見ていきましょう。

（1）私的使用のための複製
――家庭内や個人的な範囲なら著作物をコピーしてもOK

まず、他人の著作物を無断でコピーしてよいケースです。みなさんにとってもっとも身近なのは、テレビ番組を自宅の録画機で録画（コピー）することでしょう。個人的な学習や娯楽のためであれば、他人が作ったコンテンツを自由にコピーできることを**「私的使用のための複製」**と言います。家庭用のテレビ録画機は私的な目的で録画することが前提で売られています。

同様に、CDからパソコンに音楽をコピーすることや書籍、雑誌、新聞をコピー機でコピーすることもかまいません。

自分の楽しみのためや、学びのため、調べもののために、他人が作った動画、文章をコピーすることも私的複製に当てはまります。

ウェブサイトやSNS上のコンテンツをダウンロードすることも「私的使用のための複

製」の範囲内であれば、何ら問題ありません。

ただし、他人が作ったコンテンツをアップロードしてはいけません。「公衆送信」（ネットワーク送信）となり、「コピーする」行為とは異なる「人々に伝える」行為となるので、「私的使用のための複製」からすれば範囲外です。「公衆」（第8章参照）に届く場合は著作権者の許可が必要です。

では、「私的な使用」と「それ以外の使用」とはどうやって区別すればよいのでしょうか。

◉グレーゾーンが多い？

著作権法は「私的使用」について、《個人的に又は家庭内その他これに準ずる限られた範囲内において使用すること（以下「私的使用」という。）を目的とするとき》（30条1項）としています。

だから、仕事が目的での使用は、「私的使用」ではありません。たとえば、会社や自治体などの職場で、新聞や雑誌、書籍をコピーして関係部署で回覧したり、社内ネットワークに載せたりすることは、「私的使用」ではありません。著作権侵害になります。

また、コピーする時点では、私的使用の目的であってもあとで気が変わり、「これ、仕事で使える」と同僚や得意先など仕事関係者に広めてはいけません。これは、当初の目的と異なる使用、つまり**「目的外の使用」**(49条)になるので、著作権の侵害となります。

では、著作権法が言う「個人的に又は家庭内その他これに準ずる限られた範囲内」は、具体的にどの範囲を指すのでしょうか。何ともあいまいな表現ですね。

著作権を専門にしている人に「私的使用」の範囲について尋《たず》ねても、明快な答えを得たことがありません。それでも、「(親、子、孫などの)同居している家族で」「婚約者もOK」「数人の親しい友人」とおおざっぱな相場のようなものがあると感じます。

この点をとらえて、「著作権はグレーゾーン(白黒はっきりしない灰色の領域)が多くて、すっきりしない」という人が多いことは事実です。私も著作権を最初に勉強したときは、そのように感じました。

だけど、今では次のように理解しています。

《著作権が対象とするコンテンツは人間の感覚、もっと言うと文化に関わる。だから明確

な線引きはできない。おおよその範囲でしか取り決めできない。トラブルが起きたときに全体状況で判断せざるを得ない》

たとえば、スープをしょっぱいと感じるかどうかを、塩の加減を何パーセントと決められないのと同じです。人によって感じ方が違うので線引きは不可能です。

他の法律でも似た状況があります。たとえば、ある犯罪の量刑はぴしっと決められません。他人をケガさせた場合、相手の被害額や損害額の計算の仕方はきれいな計算式があるようでないものです。2つとして同じ事件は起きないからです。

ところで私的使用の際、著作物のコピーは、必ず本人が行わなければなりません。私的な範囲を超えた第三者や業者に任せることはできません。私的な目的で書物や雑誌を自分で丸ごとコピーしたり、スキャンしたりすること（「自炊」と言われています）はかまいませんが、専門業者など誰かに頼んでやってもらうことは「私的使用のための複製」（30条1項）のルールを超えてしまいます。

◉コンサート、ライブの録画は？

コンサートやライブを自分の楽しみのために録画してもよいのでしょうか。映画館で映画を撮影することはどうでしょうか。

まず映画館で上映されている映画を撮影することは私的使用の目的であっても違法な盗撮になります。著作権法とは別の「映画盗撮防止法」が禁じています。

コンサートやライブでは、主催者が「録画は禁止」とアナウンスしている場合があります。その場合に録画すると、チケットを購入したときの契約に違反したことになります。もっとも最近では、欧米のアーティストを中心に「ライブの様子をスマホで録画することはOK」とするイベントも増えてきました。これはファンサービスとも言えますが、撮影した人が動画投稿サイトにアップすることでPRになる効果があるからかもしれません。

ところで、ネット上の動画投稿サイトなどには「違法コピーによるコンテンツ」が今なお散見されます。いわゆる「海賊版《かいぞくばん》」と呼ばれるコンテンツを「違法と知りながら」ダウンロードすることは、たとえ私的な目的であっても複製権の侵害となります。

（2）学校など教育機関での複製――教室は実社会とは異なる

「この記事、きょうの会議で使えそう。出社したら30部コピーしよう」

あなたのお母さんは民間企業の広報部のチーフです。ある朝、新聞を読んでいて、自分の業界についての記事を発見しました。新聞記事を仕事のためにコピーする――。

よいのでしょうか。

新聞記事には多くの場合、著作権があります。この場合は私的な目的ではないので、コピーするなら新聞社の許可が必要です。

だけど、あなたのお母さんが学校の教員であれば、事情は違ってきます。

仮にお母さんが社会科の先生であれば、授業で新聞記事を使う分には問題ありません。著作権法の35条1項が、「授業の過程」での無断コピーを認めています。新聞社に問い合わせをする必要はありません。

だからといって「なんだ、学校では他人の著作物を自由に使ってよいのか」「学校は著作権のことを気にしないで済む聖域だ」と思うのは間違いです。たとえば、職員会議や保護者会で新聞記事のコピー配布はできません。職員会議も保護者会も「授業の過程」ではないからです。

本書の「はじめに」の冒頭で紹介した、イラストを無断で使って「学校だより」を作った校長先生も、かん違いしたのかもしれません。

「授業の過程」に限り、著作物を自由にコピーしてよいと定める「35条」の内容を確認しましょう。

◉授業の一環ならコピーは自由

著作権法35条の要点を記します。

①35条が適用とされるのは、「非営利の教育機関」だけ。つまり、幼稚園、小中高校、短大、大学、高専、特別支援学校など学校教育法に明記されている学校や保育園、専修学校です。なので、営利目的の学習塾(個人経営の塾や家庭教師による指導も)や予備

校、カルチャーセンターは除外されます。講演会、一般市民向けの勉強会、会社や官庁で実施されるさまざまな研修も対象ではありません。
②他人の著作物をコピーしてよいのは「授業の過程」での利用に限られます。授業の延長線上にある運動会や学芸会はOK。学習指導要領に盛り込まれた遠足、修学旅行、社会科見学も「授業の過程」に含まれます。
③コピーする人は授業に関わる教員や受講者(児童や生徒、学生)だけです。教員の指示で、授業のために事務職員がコピーすることはかまいません。
④授業に直接関係するものだけがコピー可能です。「将来役に立つかもしれない」と現時点で想定していない授業のために「とりあえずコピーする」ことはできません。
⑤必要最小限の部数であること(生徒など受講者の数より多くコピーできません)。資料を30部複製すれば足りるのに、40部コピーすることはできません。
⑥ドリルやワークブック、問題集、白地図、資料集など、受講者全員が「一人一冊」購入する前提で作られた教材のコピーは認められていません。それを許してしまうと、教材を作る人や会社の利益が出なくなってしまうからです。

◉権利者の保護と文化の発展への寄与

では、なぜ、教育の場で著作権の扱いをゆるくする(法的には「著作権を制限する」)のでしょうか。

答えは、著作権法の理念にあります。著作権法は、その目的について、「作る人や権利を持つ人の権利保護」と「文化の発展への寄与」としています。国の文化の発展にとって教育は最重要項目の一つでしょう。文化の発展のためには、教育現場に豊富で多様な教材があるのが理想ですよね。

学校教育は、子どもが過去や現在の文化を学び、未来に継承《けいしょう》することを基本に据《す》えているので、過去や現在のことを学ぶ方法として、豊富な著作物を正確にコピーすることやスキャンすることは避けられません。

そうなると、著作権を持つ人の権利を保護することと、文化の発展を促進することのどちらを優先するかという問題になります。端的に言うと「クリエーターの権利保護」と「文化の発展(教育の充実)」とが衝突します。そこで、著作権法としては、国全体のバランスをとるために、学校教育の場面では、作り手の権利より教育の充実を優先するように制度が作られているのです。「教育機関において授業の過程」であれば、著作権をゆるく扱ってよいとしているのはこれが理由です。一方、著作権者の経済的な損害を最小にするために、35条には**「著作権者の利益を不当に害さないこと」**と付け加えている点も、ここで強調しておきましょう。

現実には、日々の教材作りに追われる先生の立場からすれば「コピーしてよいのか、だめなのか。はっきりしてほしい」という一点に関心が行きます。極端には「何でもタダで、何でも自由に使わせて」と願ってしまうでしょう。しかし、そのときに「コンテンツには必ず作り手がいる」ことを頭の片隅においてほしいものです。

（3）営利を目的としない演奏、上演
――休み時間や下校時に校内放送で音楽を流す

「記念式典やパレードで音楽を演奏する」

「公民館で高校生が子ども向けに絵本の読み聞かせをする」
「昼休みや下校時に校内放送で音楽を流す」

こういう場合も、著作権の例外として、許可を得ることなく、公衆を相手に演奏したり、読み聞かせしたり、歌ったりすることができます。この特例を、著作権の世界では、**「非営利の上演、演奏」**(38条)と言います。

そのためには、次の3つの要件を満たすことが必要です。

①営利を目的としない(非営利)
②入場料を取らない(無料)
③演奏する人、読み聞かせる人など出演者に報酬《ほうしゅう》が発生しない(無報酬)

大学などの学園祭で「入場料」を徴収したり、外からアイドルやタレントを招いて演奏してもらう場合でギャラ(報酬)が発生する場合では「非営利」とならず、この特例の適用はありません。また、上演や演奏の様子をインターネットやSNSにアップする(公衆送信する)ことを38条は認めていません。

駅前や広場で通行人相手に流行《はや》りの歌を披露《ひろう》するストリートミュージシャンがいますね。もしも投げ銭を受け取ったりCDやグッズを販売したりしていると、営業行為とみなされるかもしれません。その場合、作詞者と作曲者の著作権の侵害になります。一方、歌っている歌と曲が全部、自分のオリジナル作品であれば、著作権上は何も問題はありません。

この「非営利の演奏」規定は、学校では使える場面が多そうです。35条の「授業の過程」に該当《がいとう》しない場合であっても38条が適用になることがあります。たとえば、昼休みに校庭でブラスバンド部や合唱部の人たちがミニコンサートを開いて、ポップスやアニメ音楽を演奏することが可能です。

ただしこの様子を著作権者に無断でホームページで公開したり、動画投稿サイトにアップしたりすることはできませんので気をつけてください。公衆送信権の侵害になります。改めて確認しますが、38条には、公衆送信権についての例外措置は認められていません。

もちろん、スマホなどで録画して、友人同士で見せ合ったり、親と一緒に視聴したりするぐらいなら、「私的使用の目的」と認められるので問題はありません。学芸会や運動会も同じです。親が録画して、家庭で楽しむ分には問題ありません。

なお、この38条のルールは、学校以外でも使えます。公民館や公共図書館、公園や広場でも可能です。聴衆が、児童や生徒でなく、一般市民であってもかまいません。また、演奏や読み聞かせ、朗読以外にも、演劇の上演も可能です。

(4) 引用するとき——コピペが自由にできる。ただしルールを守ること

文章を書くときに、著作権を気にせず、誰にも断らずに他人の文章を正々堂々と「コピペ」できる場合があります。それは**「引用」**(32条)という方法をとった場合です。そもそも、引用とはどういう行為でしょうか。『三省堂国語辞典(第七版)』によると、「自分の文章の中に他人のことばを、その部分が分かるように取りこむこと」とあります(私は今、文字通り「引用」しました)。

他人のコンテンツをそのまま「取り込んで」(複製して)自分の作品に生かすことが引用です。つまり、「コピペ」です。コピペとは、「コピー・アンド・ペースト」の略で、文章や写真、図表などを「コピー(複製)して」、「ペーストする(貼り付ける)」行為です。

◉引用と複製

学校生活の中では、感想文やレポートなど文章を書く機会が多いので、早めに引用のルールを押さえたいものです。特に、聞き取りや文献で得たことを盛り込む「調べ学習」「自由研究」では引用がつきまといます。引用の方法を身につけると、将来、報告書や論文を書くときにも役立ちます。

◉許されるコピペ

著作権法による引用ルール（32条ほか）を簡潔に列挙します。

①引用する文章はすでに公表されたものであること
②引用する必要性があること
③自分の作品に「パーツ（部分）」として取り込むこと。つまり、自作部分と引用部分とが、主と従の関係であること
④引用部分にカギカッコを付けるなどして自作部分と明瞭に区分すること

⑤引用部分の出所や著者名も明示すること

例を挙げましょう。次の文章を見てください。

本書において私は、筋肉トレーニングの重要性を強調したい。スポーツライターのテッド古谷氏は、「起業する20代の若者が習得すべきスキルは『英語』『IT』『金融知識』とよく言われる。私ならここに『筋肉トレーニング』を加える。筋肉は裏切らない。筋トレは人生のさまざまな局面であなたを助けるだろう」(テッド古谷著『筋トレと起業』若松書院、2024年、3ページ)と言っている。古谷氏のこの文章は私の主張を裏付けている。経営者を目指す若者はぜひとも筋トレを生活の中に取り入れてほしいと願う。私の40年のキャリア人生で、いざというときには頼りになるのはがんじょうな身体だと身をもって知っている……

架空の文章の一部分です。この著者はテッド古谷氏の書物から引用していることが分かります。この中の「起業する20代の若者が……助けるだろう」が引用部分となります。この部分ではテッド氏の著書『筋トレと起業』の文章を一字一句間違わずにコピペしなければなりません。これが引用をする際の最重要点です。

引用部分はそっくりコピーすることが求められます。引用元(オリジナル)の文章を修正してはいけません。自分の用法と違うからといって、漢字や送り仮名の使い方、句読点の打ち方、などの表記を無断で変更してはいけません。

コラム◎自由な研究、自由な言論のために

著作権法は基本的に、他人の文章の無断複製を禁じています。それなのに、引用については著作者の許可を取る必要がありません。なぜでしょうか。

もしも引用を許可制にしてしまうと、自分が書いたものを批判や否定されたりすることを嫌がるあまり、引用したい人の申し出を拒否する人が出てくるでしょう。同時に、自分の著作物に好意的な引用だけを許すかもしれません。そうなると、批評や批判のためのコンテンツの利用

が著作者に管理されてしまいます。これでは、自由な研究や言論が成り立ちません。

他方で、重要な論文や評論であれば、世界中の研究者が自分の文章に取り入れようとします。会ったこともない多くの人の「使ってもいいですか」に対して著作者がいちいち返答することは現実的ではありません。「引用は自由にどうぞ。でもルールを守ってくださいね」というのが引用ルールの基本です。

(5) 意図しない著作物の写り込み
――友人を撮影したらTシャツのキャラクターが写ってしまった

写真を撮ろうとすると、被写体となった人が、人気アニメやマンガのキャラクターが描かれたシャツを着ている。キャラクターのバッジや小さなぬいぐるみを身につけている。街の風景を撮影しようとすると、ポスターや看板、彫刻や大画面のCM映像などの著作物が写り込んでしまう。よくあることです。

また、スマホで動画を撮影するとき、その場で流れていた音楽が録音されてしまうことがあります。

ＳＮＳやブログにアップしようと思うのだけど、著作権者の許可を得るのがとても面倒です。どうしたらいいのでしょうか――。

安心してください。

著作権法には、写真を撮るときに、意図していないものが写り込んでしまった場合の権利制限の規定があります。それが人気マンガのキャラクターのような著作物であっても、適正な範囲であれば、著作権侵害にはならないという例外を設けています（30条の2）。

こういう現象を著作権の世界では**「写り込み」**と言います。

動画を撮るときに流れていたヒットソングがたまたま録音される場合や、ポスターやイラストが背景に小さく写る場合も「写り込み」です。著作権侵害にはなりません。あるいは、室内で肖像写真を撮る際に、壁の絵画やデスクの上の小さな彫刻が写り込むこともＯＫです。

ただし、たとえ小さくても、明らかにアニメのキャラクターや背景に流れる音楽を意図的にメイン（主役）のように扱っていると思われる場合はこの例外があてはまりません。

また、写り込んだのが人物の姿であれば、肖像権に関わります。その点も注意が必要です。

(6) パブリックドメインの著作物――公共財には著作権がおよばない

著作物でありながら、国民すべてのものとして自由に使えるコンテンツをパブリックドメイン(公共財)と呼びます。この著作物はどんな目的でも、どんな方法でも利用することが可能です。

日本に何千とある法律。憲法をはじめとする国の法律や法令はパブリックドメインです。法律で用いられる文章は、思想または感情の創作的な表現という著作物の要件を満たしています。日本国憲法の前文などは、文章の表現に執筆した人の創意工夫もみられます。

しかし、法律・法令は国民全員に知れ渡ってこそ価値を発揮します。そのため、憲法や刑法、民法をはじめ、すべての法令(地方公共団体の条例、規則を含む)は著作権の対象としないことが著作権法に明記されています。

同様の考え方から、裁判所の判決、決定、命令も著作権で保護しません。パブリックドメインであれば、どんな目的であっても、誰の許可も得ないままコピーしたり、ネットワーク送信したりすることが可能です。

しかし、公共のものののようであっても、自治体が市民向けに発行する「自治体だより」「〇〇市のみなさんへ」という冊子は無料で配布されていてもほとんどの場合、著作物です。「複製してもかまいません」という注意書きがない限り、また私的使用や教育現場での使用などの例外を除き、無断でコピーすることはできません。

法令と並んでもっとも身近なパブリックドメインは、著作権の保護期間が終わった著作物です。著作者が死亡して70年経過した著作物の著作権は消滅します。誰でも自由に使うことができます。紫式部の『源氏物語』も、ベートーヴェン、ゴッホ、夏目漱石や芥川龍之介の全作品もパブリックドメインです。

第10章

学校生活と著作権

第9章で見たように、学校においては、著作権法の35条のおかげで、著作権は制限され、あまり気にしなくても他人の著作物が利用できます。

著作物には、小説、音楽、美術、映像などさまざまな種類があります。それぞれに使われ方が異なり、扱い方の注意点も違います。この章では、学校生活で起きる著作権ルールの注意点について、それぞれの場面やコンテンツごとに見ていきましょう。「言語の著作物」「美術の著作物」「音楽の著作物」「ダンスの著作物」に分けて考えました。すでに第1章から第9章までに扱ったトピックもありますが、復習もかねて別の角度から眺めてみましょう。

同時に、あなたが授業や遊びの中で、自分でコンテンツを作ったり、SNSやブログにアップロードするときに避けて通れない、知っておくべきトピックについても学びましょう。「著作隣接権《ちょさくりんせつけん》」「肖像権」「オンライン授業」「生成AI」についてです。いずれも学校生活における情報ルールを理解する上で必要なことばかりです。

（1）誰もが使う「言語」の著作物──文章を書くとき

私たちが日常的に接する文章、たとえば本、雑誌、インターネットのブログ記事などには、ほとんどの場合、著作権が関わっています。小説、詩、エッセイ、ニュース記事などが著作権の対象です。

しかし、言葉は日常的に誰もが用いるものであり、無数の文章が日々生み出されています。もしもそれらがすべて著作物として保護されると、日常のやり取りの中で自由に使えない文章やフレーズが増え、私たちのコミュニケーションに支障が出てきます。

そのため、日常的によく用いられる「ありふれた表現」には著作権は認められません。一方、著作権が認められるためには「創作性」が必要であり、作り手の個性が感じられる表現であることが求められます。日常会話の短い文章では創作性を出すのが難しく、ありふれた表現の連続と言ってもよいかもしれません。繰り返しになりますが「窓を開けたら海が見えた」「あの動物園にはミミズクがいる」といった短い文章は、いずれもありふれた表現であり、著作権が認められません。

◉ことわざ、格言、キャッチフレーズ

「時は金なり」「鬼に金棒」などのことわざや格言には、著作権はありません。最初に考えた人の創作力に感心しますが、時間の経過とともにありふれた表現になりました。では、現代版のことわざとも言えるキャッチフレーズはどうでしょうか。短い文章であっても「創作性があり、著作権がある」と認められたケースがあります。

『ボク安心　ママの膝より　チャイルドシート』

このキャッチフレーズは、「筆者の個性が十分に発揮された」として創作性が認められました(平成13〔2001〕年、東京地裁)。これは珍しいケースとして、著作権の参考書でもよく紹介されています。かたや、

『ある日突然、英語が口から飛び出した!』

はどうでしょうか。

このフレーズについては、「ありふれた表現の域を出ない」として、創作性が認められませんでした(平成27〔2015〕年、東京地裁)。

この2つはそれぞれ異なる裁判官の判断です。これらのことだけで裁判結果を論じるのは

難しいですが、文章の創作性の判定は微妙で分かりにくいことが理解できると思います。

ここで言えるのは、必ずしも「文章が短いから著作権が認められない」ことはないということです。現実に、ほとんどの短歌や俳句には著作権があります。

(2)「授業の過程」以外での著作権――絵やイラストを描くとき

学校を訪ねると、掲示板や廊下のポスターに手描きのキャラクターを見かけます。ディズニー作品やスヌーピー、『鬼滅の刃』などのイラストを見ると、著作権のことが気になります。「授業の過程」ではない場面で、他人が作った著作物が飾られているのは著作権の問題になるからです。

学校における、絵やイラストなど美術の著作権について考えましょう。

図書室や実験室の入口のポスターにアニメやマンガのキャラクターを描いて、開館時間や注意事項を知らせる場合、著作権に注意が必要です。校内の大勢が見るポスターに無断でマンガやアニメのキャラクターなど他人の著作物を載せることは著作権ルールではNGです。

こう言うと「えっ、学校だから著作権を気にしなくていいのでは?」と言う人がいると思います。そして「校内でしょ。問題ないのでは」と続きます。

残念ながらこの考えは間違っています。確かに、著作権法は学校での無断の複製を認めていますが、すでに繰り返し見てきたように、あくまでも「授業の過程における利用」(35条)でなければなりません。なぜでしょうか、実例から考えましょう。

◉「それぐらい大目に見てよ」

かつて関西の小学校で卒業制作として100人もの児童が2か月かけてミッキーマウスの大きな絵を学校のプールに描きました。このことがディズニー社の知るところとなり「著作権の侵害《しんがい》になりそうだ」と言ってきたため、児童たちはこの絵を消さざるを得なくなりました。

学校のプールは教育施設かもしれませんが、水泳の授業でミッキーを使う必然性はないでしょう。授業が行われていないときでも、ミッキーの絵がそのままにされているのではどう考えても「授業の過程」からは外れています。

「それぐらい大目に見てよ」とあなたは思うかもしれません。だけど、これを許してしまうと、世界中の学校で非正規のミッキーが出回ることになります。もしもあなたが正規のミッキーマウスのアニメやグッズを扱う業者だったら、これを許すでしょうか。

◉人気キャラクターに頼らずに

注目を集めたり、集客力を高めたりするとき、私たちは有力コンテンツに頼ろうとします。誰もが知っている人気キャラクターは注目を集めやすいものです。ゼロから何かを創り出すよりも、手っ取り早いからです。

だけど、作品の作り手の気持ちを想像することが大切です。クリエーターの立場だと仮定して、自分の知らないところで自分の作品が勝手に模倣《もほう》されていると考えてみてはどうでしょうか。デビューしたばかりでこれから売り出すという人なら、「お金はいらない。広まってうれしい」と思うかもしれませんが、すでにヒットしているコンテンツの作者なら、自分できちんと管理したいと思うのではないでしょうか。非正規のものが出回ると、正規品が売れなくなってしまいます。

もしもプールや教室を絵やイラストで飾りたいのなら、人気キャラクターに頼らない「世界でたった一つのオリジナル作品」を創ることに意味があると私は思います。

(3)「歌ってみた」の著作権――音楽を演奏するとき

学校生活の中では、音楽が授業以外にも校内放送、運動会、学芸会、入学式、卒業式などいろんな場面で使われます。いずれも学習指導要領に記載された重要な学校行事なので、他人が作った音楽を無断で使っても問題はありません。

では、音楽の著作権は、どんなことに気をつければよいのでしょうか。

次の2つから音楽の著作権を考えましょう。

(a) みんなに向けて「歌ったり、楽器を演奏したりする」「CDなどの音源をかける」「ストリーミング(配信)する」

(b) 楽譜や歌詞カードを「複製(コピー)する」

さて、「音楽」の授業中や、予習や復習、宿題をする限りにおいては、(a)も(b)も問題はありません。自分以外の誰かが作った歌をうたったり(演奏したり)、楽譜や歌詞が書かれたものをコピーしたり、オンライン授業で送信することも可能です。先ほど話した著作権法の「授業の過程」だからです。「授業の過程」においては、著作権は制限(免除)されて、手続きを取ることなく無断で他人のコンテンツを使うことができるのでしたね。

◉楽譜コピーの注意

さて、多くの人が「え？　意外だ」と思うことをお話しします。それは、学校の音楽関係のクラブ活動での、「楽譜」の扱いについてです。

「音楽の授業」では、教員や生徒による楽譜のコピーは許されています。しかし、吹奏楽部や合唱部も、文部科学省の学習指導要領では「授業の過程」と考えられるのですが、楽譜の無断コピーは控えた方がよいでしょう。

著作権法では、たとえ授業の過程であっても「著作権者の利益を不当に害するときは、コピーできない」という規定があります(35条1項)。楽譜のコピーは、この規定の趣旨の代表例なのです。

だけど現実には、全国の学校のブラスバンド部や合唱部、軽音楽部で、楽譜のコピーが横行しています。ひどい場合は、隣接する学校でお金を出し合って楽譜を共同購入し、コピーで補い合っている例もあります。楽譜の無断コピーは慎んでほしいところです。楽譜を発行する出版社がやっていけなくなります。

◉楽器も音楽も無料ではありません

コピー技術の進歩で、もっとも大きな打撃を受けたのが楽譜業界だと言われます。音楽は多くの人に聴かれますが、楽譜を使う人の数は限られています。そのため、昔から楽譜は高価でした。このような状況の中で、複製技術が進歩したことにより、非正規版の楽譜が出回りやすくなったのです。ショパンの楽譜の話(第1章参照)を参考にしてください。

卒業式で、流行りの「卒業ソング」を一同で合唱することもかまいません。しかし、この歌詞や楽譜をコピーして参列者に配布することは要注意です。

「そんなにかたいこと言わないで。ちょっとぐらいならいいじゃないか」と思うかもしれません。でも、全国の各学校で「ちょっとぐらいなら」が横行する事態を想像してみましょう。

音楽は鳴った瞬間に消えていくので、とらえどころがありません。それでも「作った人がいる」という点では、ハーモニカやマリンバなどの楽器と同じです。無料の楽器は存在しません。同じように、音楽がいつも無料であるはずがありません。

ところで、歌っている風景を学校のホームページに掲載したり、DVD化して記念品として配布したりすると、「授業の過程」や「私的な目的の使用」の範囲を超えてしまいます。権利を持っている人、つまり著作権者の許可が必要です。

繰り返しになりますが、著作権が切れたパブリックドメインの曲(作った人が亡くなって70年以上たった音楽)は自由に使えます。

◉「歌ってみた」を投稿したい

インターネット上で「歌ってみた」「演奏してみた」が大流行りです。既成の音楽を自分で歌ったり演奏したりして動画共有サイトに投稿する場合、著作権で気にかけることがあるでしょうか。

私たちが耳にする音楽は日本のものでも外国のものでも多くの場合、JASRAC(日本音楽著作権協会)やNexToneなどの団体や会社が管理しています。

あなたが「歌ってみた」で、誰かが作った楽曲を使用する場合、その著作権の使用料金(作詞家・作曲家などが手にするお金)はあなたが動画を投稿するYouTubeやTikTokを運営する会社が、あなたの代わりに支払っています。あなたは使用の手続きを取る必要もありません。運営サイト側は有料会員からの収入や広告などのビジネスでお金を得て、みなさんに代わって著作権の手続きを取っているのです。

使おうとする音楽を本当に使ってよいかどうか調べる場合は、JASRACやNexToneのサイトに行って「作品検索(JASRACの場合は「J-WID」)」から曲を探してください。膨大《ぼうだい》な曲が管理されていることが分かります。

一点、注意すべきことがあります。動画投稿サイトに「歌ってみた」をアップロードする場合は自分で歌い、楽器を演奏する必要があります。利用できるのは楽曲だけで、演奏については別なのです。誰かが演奏した音源をそのままSNSにアップすることはできません。

ＢＧＭとして使うこともできないのです。音源には歌手や演奏者など実演家の権利（**著作隣《ちょさくりん》接権《せっけん》**）があるからです。

現実には、非正規の音源がＹｏｕＴｕｂｅなどの投稿サイトにアップされています。これに気づいていても、サイト側は削除に手間取っているのかもしれませんし、音源の当事者が黙認しているだけかもしれません。いずれにしても、著作権ルールに違反している可能性があることを知っておいてください。

（4）「踊ってみた」の著作権――ダンスをするとき

ダンスは学校教育にも取り入れられています。みなさんの中には、授業で教わった振り付けにとどまらず、ダンスを考案する人もいるのではないでしょうか。「これぞ私が考えたダンス」と主張したい人もいると思います。

著作権法では、ダンスや舞踊（日本舞踊やバレエ、フラなど）は著作物に該当《がいとう》します。無言劇（パントマイムと呼ばれる動作だけの芝居）も同様です。

ダンスで重要なのは振り付けです。実際に、振り付けを考案することを仕事にしている振付師という人もいます。

　では「振り付け」の創作性とはどのようなものなのでしょうか。もしも、ある人が創作した「振り付け」をまねたら、著作権侵害になるのでしょうか。

　単純な動きや一般的なステップには著作権がありません。たとえば、ジャンプやターンなどの基本的な動きは、誰でも自由に使うことができます。ですが、それらの動きを独自に組み合わせて新しい振り付けを作り、創作性が感じられれば、その振り付け全体に著作権が認められます。

　振り付けの創作性について裁判で争われて、創作性が認められたケースがあります。ある日本舞踊の振り付けについて、伝統芸能や民俗芸能でない独自の「創作性」があるとされたのです(平成14〔2002〕年、福岡高裁)。

　一方で、社交ダンスを描いた日本映画『Shall We ダンス?』のダンスシーンの振り付けは、創作性は認められませんでした(平成24〔2012〕年、東京地裁)。その理由は「単なる既存のステップでない、はっきりした独創性が認められない」というものでした。

　どうやら、ダンスや舞踊の著作権のハードルは高そうです。

ところで、自分が独自に考案したダンス作品を守ることも重要です。そのためには、自分の振り付けを動画撮影し、日付や自分の名前を記録しておくことが有効です。これにより、自分の作品がオリジナルであることを証明しやすくなります。また、インターネットで自分のダンス動画を公開する際には、自分の名前や日付を表示しておくと、自分の作品を無断で使用されるリスクを減らすことができます。

(5) 著作隣接権――パフォーマンスする人の権利

音楽は作曲家や作詞家が苦労して作りますが、「演奏する人」や「歌う人」がいなければ、あなたの耳に届きません。芝居やダンスも同じです。作品が鑑賞者に届くには、「演じる人」「踊る人」が必要です。

コンテンツは「伝えられてはじめて」文化的な価値や経済的な価値に結びつくと言えるでしょう。

この「演奏する」「歌う」「舞う」「踊る」「演じる」人、つまりパフォーマンスする人を著作権の世界では「実演家」と呼びます。実演家は、その実演の様子を勝手に録音、録画、公衆送信されない権利を持っています。この権利を**「著作隣接権」**と言います。これは実演家だけに与えられる権利で、「著作権」のすぐ隣にあるもう一つの重要な権利です。

◉アイドル歌手が持つ権利

「演奏する」「歌う」「演じる」「踊る」という実演家の存在は重要です。私たちがライブやコンサートに出掛けるのは、作品そのものを味わう以外に、実演する人のパフォーマンスに触れたいからではないでしょうか。

この実演家の権利は、プロやアマチュアに関係なく与えられます。だから、あなたが「学芸会で歌った」「公民館で演劇をした」「発表会でピアノを弾いた」場合もあなたが著作隣接権を持つことになります。

踊りながら歌うアイドルにも著作隣接権があります。彼らの許可がなければ、その録音・録画されたパフォーマンスをSNSやインターネットにアップロードすることはできません。多くの場合、タレント事務所や所属会社が実演家の権利を管理しています。

歌手、ピアノやフルートなどの楽器奏者はもちろん、指揮者も実演家です。脚本を演じる俳優、噺《はなし》をして公衆に聴かせる落語家、漫才師、講談師も実演家です。さらに、身体を動かすことで作品を伝えるバレエダンサー、日本舞踊家、ダンスなどの踊り手も著作隣接権を持ちます。

●『ごんぎつね』を朗読すると

著作権の世界では「著作物」が中心になりますが、この著作隣接権の場合、対象となるコンテンツは著作物でなくてもかまいません。

だから、シューベルトのピアノ曲のように著作権が無くなった作品を演奏する場合でもピアニスト(実演家)は著作隣接権を持ちます。同じように、保護期間の終了した『ごんぎつね』(作者の新美南吉は1943年没)も、声優が物語として朗読すれば、著作隣接権が生じるのです。どちらのケースも、実演の様子を他の人が勝手に録画、録音することはできません。

演じる内容が著作物でなくてもかまわないので、広場や公園で披露《ひろう》される大道芸、寄席《よせ》な

表5　著作隣接権

権利の中身	権利を持つ人
実演家の権利	実演家(歌手，楽器奏者，指揮者，落語家，俳優，ダンサー，バレエダンサー，漫才師，大道芸人，曲芸師，朗読会の話者，ナレーター，講演会の講師，アイドルグループ，手品師，紙切り芸人など)，プロもアマチュアも区別なし
レコード制作者の権利	レコード制作者(音楽CD・DVD・音源を作る技師，録音技術者など)
放送事業者の権利	放送事業者(放送局，テレビ・ラジオなど放送会社)
有線放送事業者の権利	ケーブルテレビ局，有線放送会社

どで行われる紙切り芸や手品やマジックの演者にも著作隣接権が与えられます。

それだけではありません。実演を助ける放送局や音楽レコード(CD)を作る会社の存在も重要です。たとえ実演家が演奏し、歌っても、それを届ける手段(音楽CD)や放送という方法がなければ、実演家の仕事は聴衆やリスナーに届かないからです。

そのため作品を伝える実演家や放送局、レコード会社にも「著作隣接権」が与えられます(**表5**を参照)。

(6) あなたと私の肖像権
――勝手に撮らないで、顔や姿は私のもの

「肖像権」という言葉を聞いたことがありませんか？　肖像権はあなたにも直接関係します。最近、学

校生活で肖像権が問題になる機会が増えています。肖像権は著作権とは異なる権利ですが、学校での活動や著作物を作るときに関わることが多いため、確認しておきましょう。

授業風景や体育祭などの行事を撮影した写真を「学校だより」に掲載し、校外に配布したり、動画をホームページやSNSに掲載したりする学校があります。こういった場合、写っている教員や生徒本人の承諾がなく、その人が特定できる写真や動画を使ってしまうと、肖像権の侵害となります。

◉容姿を撮影、公表されない自由

肖像権と聞くと、「芸能人やスポーツ選手などの著名人に関係するものだ」と思うかもしれません。これは誤解です。すべての人に肖像権があります。

私たちは誰でも「一人にしておいてほしい」「自分の姿を見せたくない」と思うことがあります。これは「勝手に私の肖像を使わないで」という願いにつながります。これが肖像権を考える入口です。

日本には「肖像権」を扱った法律はありません。しかし、1960年代に最高裁判所は憲法の「幸福追求権」から、本人の了承なしに容貌・姿態を撮影・公開されない自由があると示しました。肖像権の目的の一つはプライバシーの保護です。自分の姿が無断で公開されることは、人格や内面などプライバシーに関わります。

メディアも肖像権については注意を払っています。初詣や成人式、お祭りなどのイベントを報道するために一般人を被写体にする場合、事前に承諾を得るか、遠景写真にしたりモザイク処理をしたりなどの工夫をしています。

◉学校生活と肖像権

学校でも肖像権に注意が必要です。遠足や学芸会で撮影した写真を、たとえ校内で掲示する場合でも、写っている児童や生徒、教員の了承を得る必要があります。私自身、遠足で撮影された気に入らない写真が回覧されて嫌な思いをしたことがあります。

学校で肖像権に気をつけることは、防犯上、生徒の保護にもつながります。顔や姿は情報の集合体であり、特定できると名前や住所、所属が追跡される可能性があるからです。

学校生活と直接関係はないかもしれませんが、インスタグラムなどのＳＮＳには多くの顔写真が投稿されています。自分の写真にデジタルメイクを施すのは自由ですが、他人の顔を無断で修正・加工してはいけません。良かれと思ってするのであっても、他人の肖像をアップロードする際には本人の承諾を得るのが前提です。

授業の一環で作る学級新聞をSNSやネット上にアップする際、先生やクラスメート、保護者の顔写真が掲載されている場合は特に注意が必要です。

(7) オンライン授業と著作権――宿題、課題を提出するとき

2020年春、日本の教育現場に大きな出来事がありました。オンライン授業を容易にするために、学校での著作権の在り方を定める著作権法35条が改正されたのです。

これにより、特別な許可がなくても他人のコンテンツを教材や資料としてネットワーク送信できるようになりました。先生と生徒が同じ教室にいなくても、オンラインで自由に教材を使いながら授業を行うことが可能になったのです。

従来は、学校の授業の一環であれば、著作物のコピーや演奏、上演などは著作権者の許可なく自由にできました。その場合でも、遠隔でのコンテンツ送信に関しては**「公衆送信権」**

が認められていませんでした。ところが、新型コロナウイルス感染症流行の影響でオンライン授業を推進する必要が急に生じ、以前から予定されていた新しい著作権ルールが前倒しで導入されたのです。

◉何が変わったのか?

では、新しいルールによって何ができるようになったのでしょうか。

これまでは、35条が認めた教育目的の使用であっても、校外に送信する場合には、他人の著作物を無断で使うことはできませんでした。しかし、新しい著作権ルールでは、インターネットを利用した授業で、許可なく他人の著作物を使用できるようになりました。

具体的には、次のことが可能になりました。

1．対面授業の教材送信

対面授業や家庭学習用の資料(他人の著作物含む)を生徒に送信できるようになりました。生徒同士でも授業関連のコンテンツを送信できます。教員が教室以外から授業を行うことも可能です。

2. リアルタイム授業の送信

先生が他人の著作物を使う授業をリアルタイムで家庭の生徒に送信できるようになりました。録画した授業を生徒がオンデマンドで視聴することも可能です。

3. 教育用クラウドでの共有

授業で用いるコンテンツを教育用クラウドに載せて生徒が共有できます。生徒は自宅や学校のどこからでも授業教材にアクセスできます。ＹｏｕＴｕｂｅなどの動画サイトを視聴することも可能です。ただし、授業で使う教材が拡散しないようにネットワークの「限定公開」や「非公開」の設定が必要です。

◉権利者への補償金

この法改正には重要な前提があります。タダ（無料）ではないのです。非営利の教育機関であっても、他人のコンテンツを使うオンライン授業の実施で著作物を利用する頻度が増えるため、コストがかかるからです。

オンライン授業には教育上のメリットがありますが、コンテンツの作り手である著作者にとっては、「本来得られるはずの金銭的利益」が得られなくなることを意味します。

そこで、書籍、論文、音楽、美術、写真、映像などのコンテンツ使用料金を児童、生徒、学生の数に応じて補償金として集め、文化庁が認めた「授業目的公衆送信補償金等管理協会」（SARTRAS《サートラス》）が一元管理して権利者に分配する仕組みができたのです。

補償金の額は、幼稚園児、児童、生徒、学生など一人あたり毎年60円から720円です（学校の種別によって異なります）。教育機関から集め、権利者に分配しています。補償金を支払わない教育機関は、オンライン授業で他人の著作物を使うことができません。

なお、このように補償金を集めて権利者に分配するシステムはすでに米国やヨーロッパ各国でも実施されています。

（8）生成AIと著作権——著作権ルールが追いついていない

最近、生成AIが描いたグラフィックデザインがコンクールで金賞を受賞したというニュースが世界中で話題になりました。実際にその絵を見ると、確かに素晴らしい作品です。日本でも、2024年に『東京都同情塔』で芥川賞を受賞した九段理江さんが、受賞作を書く際に生成AIを活用したと語っていました。

このように、生成AIはジャンルを超えてクリエイティブな分野で利用されていることが分かります。では、生成AIが作るコンテンツの著作権はどのように考えたらよいのでしょうか。生成AIが著作権を持つのでしょうか。

◉生成AIと著作権の関係

生成AIは、人工知能(AI)を使ってコンテンツを作り出す技術です。AIは、インターネット上の膨大なテキスト、画像、音声などのデータを、ディープラーニング(深層学習)などの技術を用いて学習します。そして、ユーザーの指示に基づいて、新しい文章、絵画、音楽などを生成します。

AIは人間と違って、24時間疲れることなく高速で学習し続けるため、今後ますます質の高い作品を作るに違いありません。

ところで繰り返し見てきたように、著作権法は、思想または感情の創作的な表現を著作物とみなします。このため、人の脳に由来する作品だけが著作権の対象となります。「人」以外のものが権利を持つことは考えられません。生成AIは「人」ではないため、作った作品には著作権が与えられないのです。

では、生成AIが作り出すコンテンツは、一体誰が権利を持つのでしょうか。AIを利用した人か、開発した人か、AIの所有者か。この問いについて、世界中で議論が進んでいますが、今のところ明確な答えは得られていません。

◉生成AIに肯定的な意見

AIは、膨大なデータを探索しながらコンテンツを生成します。このプロセスは、人間がコンテンツを作るプロセスに似ています。なぜなら、人間が何かを「創る」ときは、自分の脳の中で記憶をたどり、無意識の影響を受けつつ、調査を行い、必要な情報を組み合わせて新しいものを作り出すからです。

AIが作るコンテンツに肯定的な人は、「人間が作った作品であれ、AIが作った作品であれ、これまでにない新しさがあるならそれでよいのではないか」という考えを持っています。つまり、コンテンツの出どころが機械であれ人間であれ、結果が重要であるという考え方です。

実際に生成AIが作ったデザインを見ると、その素晴らしさに「これ、AIが作ったんだよ」と言われるまで分からないことがあります。だから、「AIという機械が作った」という理由だけで生成AIによる作品を排除することには無理があるように思います。

◉ロボットと人間の境界を考える

一方で、多くのクリエーターが生成AIの存在を不安に思っています。現在すでに、生成AIが多くのクリエーターの仕事を奪っているからです。

たとえば、手描きで着物のデザインを描くことには時間とエネルギーがかかりますが、AIに任せるとずいぶん細かなデザインが驚くほど短時間で出来上がります。これまで専門の職人が何日もかけて仕上げていたデザインをAIにやらせるとほんの数分で仕上がるのです。

こうなると、生成AIをうまく使うことで、従来の創作活動に生かすクリエーターがいる一方で、AIやロボットに仕事が奪われる人も出てくることは容易に想像できます。

ロボット技術の研究者は、「ロボットの研究開発が進むほど、人間とロボットの境界について考えざるを得ない」と述べています。

◉「創作する」とは？「人間の心」とは？

著作権の話にもどります。現時点で、生成AIが作るコンテンツの著作権についてはまだ何も決まっておらず、議論が始まったばかりです。

現在の著作権法はこれほど高度な生成AIを想定していませんでした。そのため、著作権法そのものの在り方を見直す必要があるように思います。これまで印刷、写真、録音、録画、ネットワークなどの情報技術の発達が著作権の歴史を変えてきました。今、私たちは新たな時代の幕開けに立っているのだと思います。新しいルール作りが必要です。

「生成AIと著作権」について考えることは、「創作する」「見たことのないものを創る」「模倣と創造」「クリエイティブであること」「ロボットと人間」「人間の心とは」といった創作の根本的なテーマを含んでいるように思います。

Q＆A　著作権、あんなときこんなとき

Q1　学校の宿題で書く作文にも著作権があるのですか？

はい、あなたが書く作文にも著作権があります。あなたが著作権を持ちます。

その作文が書いた人のオリジナルであれば、たとえ書いた人がアマチュアや子どもでも著作権を持つことになります。宿題で書く作文もＳＮＳに投稿するメッセージも区別はありません。

著作権は著作物が創作された時点で自動的に発生します。登録の必要はありません。

著作権を持つと「勝手にコピーされない権利（複製権）」や「勝手にインターネットに公開されない権利（公衆送信権）」など、さまざまな権利を持つことになります。先生があなたの作文を文集に取り入れたり、コンクールに出したりする場合、あなたの許可が必要となります。

【言語の著作物、複製権、公衆送信権】

Q2 ＳＮＳで本を紹介します。表紙の写真を撮ってアップしてもいいですか？

いいえ、表紙を作った人に著作権があるので許可が必要です。

本の表紙にはデザイナーやイラストレーターの著作権があります。そのため、作り手の許可なしに表紙をコピーしたりＳＮＳにアップしたりすることはできません。

特に、キャラクターやマンガ、ファッションを主力商品とする出版社は、「著作権があるので、事前に問い合わせてください」と要望しています。

一方で最近、ブログやインスタグラムで「こんな本を読みました」と本を紹介する人が増えてきました。このため表紙の利用について、「許可なしでどうぞ」とする出版社が多くなりました。本の表紙の取り扱いは出版社ごとに異なるため、各出版社のウェブサイトをチェックすることをお勧めします。

【美術の著作物、複製権、公衆送信権】

Q3 コピー機を使わない「手書き」なら複製にはなりませんよね？

いいえ、手で文章を書き写すことも複製に該当《がいとう》します。

文章に限らずマンガやイラストをペンや筆で「描き写す」ことも複製(コピー)することになります。複製権(勝手にコピーされない権利)の内容はさまざまです。テレビ番組を「録音・録画する」ことも複製行為です。音楽や講演を「録音する」こと、絵やイラストを「模写する」「トレースする」ことも著作権法では「複製」にあたります。
学校でタブレットを使う機会が増えました。タブレットやスマホで「スキャンする」「撮影して記録する」ことも複製に相当します。【複製権】

Q4 ネット上のフリー素材のイラストを使いたい。注意点は？

「フリー」が何を意味するのかチェックしてください。

ネット上には、「著作権フリー」と書かれた「イラスト素材サイト」や「グラフィック素材サイト」があります。「フリー」と書かれていますが、使う人が「無料」と誤解して、あとで料金を請求されることも現実に起きています。「個人利用はフリー(無料)だけど、商業利用は有料」ということもあります。フリーの意味を混同しないように、サイトの規約をきちんと読みましょう。

有名な「いらすとや」のイラストは無料で使えますが、利用規定に「著作権は放棄しておりません」と明記されています。たとえ無料であっても、勝手に改変したり、切り取って使うと、同一性保持権の侵害《しんがい》になる可能性があります。

【複製権、フリー素材、同一性保持権】

Q5 駅前や広場に置かれている彫刻は自由に撮影していいの？

はい、撮影してかまいません。

誰もが通行する公の場に設置された彫刻やモニュメントなどの美術の著作物を撮影する場合は、許可なく自由に行えます。ビルの壁面に描かれた絵も同じ扱いです。有名建築家による建物も自由に撮影できます。

著作物を人々の往来のある場所に設置すると、「写真を撮りたい」という人の申請に対して、著作者がいちいち対応できるはずもありません。現実的ではないため、著作権法では街の中や公園など屋外に置かれた美術の著作物を撮影することを許可しています。

【公開の美術の著作物】

Q6

新聞の「俳句」コーナーに、私が先週作ったのとそっくりの句が出ていました。作者は知らない人です。偶然に似た作品、著作権は？

どちらの句にも著作権があります。「偶然に似ている作品」については、両方に著作権が認められます。

新聞の投稿者とあなたがお互いに影響を受けていない状況で、2つの作品が別々に作られたのなら、著作権の問題はありません。双方の作者がそれぞれ独立して著作権を持ちます。

「偶然の一致」の著作権については、どちらか一方が他方の作品の存在を知って参考にしたかどうかが判断のポイントになります。【偶然の一致】

Q7

観光名所で、通りがかりの人に頼んだら写真を撮ってくれました。著作権は誰に？

理屈の上では撮影をした通りがかりの人が著作権を持ちます。だけど……

現実にはその通りがかりの人が「あなたに著作権をゆずり渡した」と考えられます。その人は暗黙のうちに「写真はあなたのものです」と認識しているのではないでしょうか。つまり、撮った人が「著作者」で、あなたが「著作権者」になったのです。契約書をやりとりしなくても、口約束や暗黙の合意で著作権は人から人へ移ります。

余談ですが、被写体のあなたは生きているうちはずっと肖像権を持ちます。

【著作者、著作権者、写真の著作物、肖像権】

Q8

買った本の内容の一部をSNSに載せたい。いいですか？

ダメです。本の著者あるいは出版社の許可が必要です。

本の内容は書いた人の著作物です。書いた人は「複製権」「公衆送信権」を持っています。他の人が無断でコピーしたり、ネットワークに送信したりすることはできません。ただし、「引用」のルールを守れば問題ありません。また、SNSにアップした写真にたまたま本の外観やページが「写り込んだ」場合も問題ありません。

【引用、複製権、公衆送信権、写り込み】

Q9

先生の呼びかけで私の班が「教室掃除マニュアル」を作った。著作権は先生にある？

作った人が著作権を持ちます。先生に著作権はありません。

先生のアイデアをきっかけに、あなたの班(班員5人)が放課後に議論しながら、タブレットを使ってA４判のマニュアルを作り、それを紙にプリントしてクラス全員に配布しました。

この場合、著作権はマニュアルを作成した5人全員が持ちます。

著作物は、「表現されたもの」でなければなりません。そして、タブレット上の画像やA４判の紙に表現した人こそが権利を持つのです。この場合、表現した人はあなたの班です。著作権ルールの上では、先生はアイデアを出しただけなので権利を持ちません。

他のクラスから「このマニュアルが欲しい。コピーして使わせてほしい」と要望が来た場合、「はい、いいですよ」と許可を出す権利はあなたの班にあり、先生にはありません。

もしも「マニュアルはクラス全員のものにしよう」と学級会で決めれば、マニュアルはクラスのものになります。

【アイデアと著作権】

Q10

書物や楽譜を点字にする場合、作者の許可が必要ですか？

必要ありません。自由に点訳(点字による翻訳《ほんやく》)をしてください。

著作権法には、障がいがある人などの福祉を増進する観点から、点訳を認める規定があります。文章だけでなく楽譜の点字による出版は誰でも自由に行えます。

文章や楽譜を点字にすることは、たとえ営利目的であっても著作権者の許可なく行うことができます。現実には、ボランティアに頼っているケースがほとんどです。点字データをネット上へアップロードすることも自由にできます。

【視覚障がいのある人のための複製、点字による複製】

Q11

母は会社員です。仕事で作る資料は母のものですか？

いいえ、仕事として作る資料などの著作物は、会社が著作権を持ちます。

著作権法では、会社や団体の業務として従業員や職員が作ったプレゼン用のスライドや広報資料などの著作権は、はじめから会社や団体が持ちます。つまり、会社や団体が「著作者」になります。特別に取り決めをしていない限り、個々の従業員は権利を持ちません。このような場合を「職務著作」または「法人著作」と言います。典型例は新聞社の記者の仕事です。記事を書き、写真を撮る記者は著作権を持ちません(第5章コラム参照)。

学校ではどうでしょうか。実は学校の先生も教材以外に多くの著作物を作成します。たとえば、「保護者会のしおり」「校外学習計画書」などを作ります。これらのほとんどは職務著作に該当します。仮に校長先生が「学校だより」を一人で作っても、学校の名義(名前)で公開されるのなら、職務著作に該当します。【職務著作】

Q12

合唱コンクールのパンフレットに歌詞を掲載してもいいでしょうか?

歌詞は著作物なので、作詞者の許可なしに歌詞を複製、配布することは著作権侵害となります。

歌詞を印刷して配布する場合、許可を得る必要があります。多くの場合、JASRAC(日本音楽著作権協会)が窓口になります。

本や雑誌に歌詞が掲載されている場合、「JASRAC(出)○○○○○○○-○○○号」という番号が書かれています。これは、歌詞掲載にあたり、JASRACに著作権の手続きをしたことを示します。

よく誤解される事案があります。非営利の音楽イベントで「入場料が無料」「出演者にお金が支払われない」などの条件が揃えば、音楽は自由に演奏できるのですが(38条)、楽曲や楽譜を複製することは認められていません。

ただし、著作権の切れた曲は例外です。ベートーヴェンの「第九コンサート」のプログラムによく第四楽章「歓喜に寄せる(喜びの歌)」の歌詞が載っているのがその一例です。

【非営利の上演、複製権、JASRAC】

Q13

姉がレストランで料理を撮影し、口コミサイトに投稿しています。いいの?

問題ありません。料理には著作権がありません。


料理を写真に撮って、SNSに投稿することは、著作権上の問題はありません。料理の外観によほどアートの要素があれば別ですが、これは通常のレストランでは考えにくいことです。ただ、マナーの問題として、撮影を嫌がるレストランもあります。

では、料理方法を書いたレシピはどうでしょうか。これは著作物ではありません。「塩を一つまみ。ソースを大さじ一杯入れてかき混ぜる」「キツネ色になったら火を止める」という具合に、調味料の分量や手順を「ありふれた」言葉で記述しているだけだからです。

ところで、ウェブ上には多くの「レシピサイト」があります。料理方法を写真や動画を用いて説明するものも多く、創意工夫を感じます。これは著作物と言えるでしょう。

【著作物の要件、ありふれた表現】

Q14

担任の先生は「君たちが卒業までに読んでおくとためになる」と言い、新刊書を数ページ、スキャンしてクラスのネットワークで共有しました。何か問題がありますか？

ダメです。授業で使わない教材を無断で複製して生徒と共有することは禁じられています。

このケースは「授業の過程」の特例に当てはまりません。「読んでおくとためになる」と言うと、出版されているあらゆる書物が「ためになる」と思います。また、数ページと言えど、授業の過程でないなら、コピーして配布することもＮＧです。「立ち読み機能」のある書籍サイトを活用したいですね。【授業の過程、権利者の利益を不当に害すること、複製権、公衆送信権】

Q15

同じ中学に通う友人は、録画したテレビドラマを動画投稿サイトにアップしています。「未成年だから犯罪にならないよ」と言います。友人のことが心配です。

確かに心配です。中学生であっても、著作権侵害の法律違反になります。

家庭内で視聴するためにテレビドラマを録画することは問題ありませんが、これを動画投稿サイトにアップロードすると公衆送信権の侵害となり、刑事上の責任が問われます。テレビ番組ではありませんが、マンガを撮影し、権利者に無断で投稿サイトにアップし続けた中学生が、公衆送信権侵害の疑いで逮捕されたことがありました。

また、民事上の責任も問われます。未成年者の場合、損害賠償《そんがいばいしょう》責任を親が負うことになるのを知っておいてください。

【著作権侵害のリスク、未成年者の保護者の責任、公衆送信権】

Q16

先生が算数ドリルをコピーして配っている。いいの？

問題がありそうです。

授業の過程では、先生も生徒も他の人が作った著作物（本や雑誌、新聞、イラスト、テレビ番組など)を無断でコピーし、配布することができます。

しかし、自分で書き込みながら学習するワークブックや算数や漢字のドリルはコピー配布したり、オンライン送信したりしてはいけません。「著作権者の利益を不当に害すること」に関係します。これらの教材は、「一人一冊」「全員が持つこと」を前提にして販売されているからです。

【著作権者の利益を不当に害すること、授業の過程】

Q17　学級新聞をSNSにアップロードしていいでしょうか？

クリアーすべき問題が3点あります。


学級新聞は学校の授業という閉じた世界で作られるので、SNSという開かれた世界に飛び出す瞬間に「やってはいけないこと」に直面します。

第一に、授業の一環で先生の指導のもと学級新聞を作るときは他人のコンテンツを無断で使用できます。しかし、ネットやSNSにアップする場合は、著作権者の許可が必要です。

第二に、学級新聞をSNSにアップする場合、制作に関わったすべての人の許可が必要です。そのままでは一般公開することと同じなので、関係者だけに見せたい場合は、ネットワーク機能で読者ターゲットを「限定」「非公開」などと設定できるなら、そうすべきです。

第三に、著作権以外にも、クラスメートの顔や姿が出てもよいのか、プライバシーや肖像権を考慮しなければなりません。学校名や先生の名前が出るならそこも許可が必要でしょう。

【教育機関における複製、公衆送信権、肖像権】

Q18

入学試験の問題文に有名人のエッセイが出ていたけど、いいのかな?

問題ありません。入試や資格試験には著作権の特別ルールがあります。

試験問題として著作物を使う場合は、許可なく使用してよいのです。入学試験だけでなく、入社試験や資格試験、技能検定、学校の期末試験にも適用されます。

もしも、試験に使う前に許可を取らないといけないとしたら、問題の内容がもれてしまうかもしれません。

営利目的のテスト業者が実施する模擬試験などの場合でも、「事前の許可」は不要です。しかし、この場合は著作権者に、著作物利用料金として補償金を支払わなければなりません。さらに、業者が入試問題を過去問集や参考書、問題集に収録して販売する場合も、個別に著作権者の許可を求めることが必要です。

【試験問題としての複製、過去問】

Q19

卒業記念にみんなで作詞作曲した『明日を生きよう』を動画投稿サイトにアップしたい。どんなことに注意すればいいですか？

著作者を明確にし管理を簡単にしましょう。

たとえば、メロディーは音楽の先生、歌詞は生徒全員で作るとすると、サイトに載せる前に全員の許可を取ることが重要です。

取り扱い方法を決めておくことで、将来の著作権管理が楽になります。今後、『明日を生きよう』が地元放送局で使われたり、市民コンサートの曲に選ばれたりする際の対応もスムーズです。卒業後、「ライブで使いたい」「編曲したい」「歌詞を変えたい」という声が挙がるときに備えて、分かりやすい規約を作りませんか。著作権の勉強にもなります。

また、合唱風景をＳＮＳで一般に公開するなら、動画に映る全員の同意が必要です。プライバシーや肖像権の問題があるからです。保護者の同意も得ましょう。

【共同著作、「歌ってみた」、肖像権】

Q20 姉は写真スタジオで成人式の写真を撮ってもらいました。著作権は姉が持つのですか？

撮影した人やスタジオが著作権を持ちます。お姉さんは著作権を持ちません。

著作権法では、作品を創作した人(著作者)が著作権を持つことが基本です。しかし、スタジオとお客との間の契約で、著作権がお客に渡される場合もあります。そうした契約があれば、お姉さんが著作権者になります。これにより、撮影してもらった写真を年賀状に使用したり、キーホルダーやマグカップの絵柄に使ったり、ブログやSNSのプロフィール写真として自由に使うことが可能です。

他方で、お姉さんは肖像権を持ちます。写真スタジオは、お姉さんの許可なく写真を店頭に飾ったり、宣伝パンフレットに使ったりすることはできません。

写真を撮ってもらう際には、著作権の扱いについて事前に確認しておくことが重要です。

【著作者、著作権者、写真の著作物、肖像権】

Q21

先生がＮＨＫの教育用番組を録画して教室にライブラリーコーナーを作っている。いいのでしょうか？

ダメです。

テレビ番組には著作権があります。番組を録画したＤＶＤを教室や学校図書館で保存することは放送局が持つ複製権の侵害になります。

自宅での録画は「私的使用」として許されていますし、授業のためであれば、教員が録画することも問題ありません。「授業の過程」という特別措置があるからです。しかし、授業と関係なく「いつか役に立つ」というつもりで、番組を録画したＤＶＤを保存することは、許可なく行えません。特別措置の範囲を超えてしまいます。

【私的使用、授業の過程】

Q22

運動会のポスターやプラカードに人気キャラクターを使いたいのですが、許可が必要でしょうか？

必要ありません。

運動会や学芸会は教育課程に位置付けられており、イベント全体が「授業の過程」として扱われます。そのため許可なしで、プラカードにピカチュウやドラえもんを描くことができます。ただし、先生や生徒が「教育効果を高めるために必要」と認識していることが重要です。また、運動会が終われば、キャラクターが描かれたポスターやプラカードは使用できません。「授業の過程」という著作権の制限措置が終わるからです。

【授業の過程】

Q23

卒業生のサッカー選手が世界大会に出場します。在校生や地元民が体育館でパブリックビューイングを通じて応援観戦します。これって著作権に関係しますか。

サッカーの試合を中継する放送事業者が著作権者となります。事前に申請し許可を得る必要があります。

スポーツの試合やライブコンサートなどの放送番組を大型スクリーンに拡大して一般市民が視聴するイベントのことをパブリックビューイングと言います。オリンピックのテレビ中継などでパブリックビューイングを実施する場合、著作権などの権利を持つ放送事業者に申請し許可を得る必要があります。

たとえ非営利や無料であっても無断で行うと放送局などが持つ著作隣接権の侵害になります。パブリックビューイングで可能なのは、放送される映像をリアルタイムで提供することに限られます。放送をその場で録画して再生することはできません。

ところで、試合観戦を「売り」にする営利目的のスポーツカフェやサッカーパブでは、放送事業者や専門のスポーツ運営会社と契約を結び、料金を支払っています。

また、家族経営のようなラーメン店や食堂で家庭用テレビを使って、店の人とお客が通常の放送を視聴するケースがあります。これは家庭でテレビ番組を観るのと同じ扱いとなります。著作権の問題はありません。

【パブリックビューイング、著作隣接権】

Q24　ＬＩＮＥのプロフィール写真に著作権がありますか？

はい、あります。他人が撮影した写真を無断で使ってはいけません。

ＬＩＮＥやインスタグラムで見かける著作権侵害の代表例は、プロフィール写真（アイコン）です。ＳＮＳでメッセージを送るとき、アイコンが表示されますよね。プロフィール写真にメッセージを添えてＳＮＳにアップすることは公衆に知らせる行為です。公衆送信権に関わります。

アイドルや芸能人、スポーツ選手の写真や似顔絵、マンガやアニメ、ゲームのキャラクター画像を使うのは要注意です。使用していいのは、「自分で撮影した写真」や「自分で描いたイラスト」です。他人が撮影した写真や描いたイラストを使う場合は、その人の許可が必要です。

また、他人の顔写真をプロフィール写真に使う場合、その人の肖像権にも注意が必要です。ペットの写真を使う場合は、撮影者の許可が必要です。自分で撮ったのなら自由に使えます。

ネット上には、プロフィール用に使えるフリー画像のサイトもあります。使う前に、使用規約をしっかり読んで、加工や画質変更が禁止されていないかなどを確認することが大切です。

【複製権、公衆送信権、肖像権】

Q25 スマホの待ち受け画面にアイドルの写真を使ってもいい？

問題ありません。

ただし、スマホがあなた個人のもので、待ち受け画面が自分以外にせいぜい家族や親しい友人の目にしか触れないのであれば「私的使用」の範囲内なので問題はありません。好きなアイドルやスポーツ選手のポスターを自室に貼ったりすることが自由にできるのと同じです。

【複製権、私的使用、肖像権】

Q26

人気キャラクターをまねて描こうと思います。何か注意すべきですか？

私的な状況で描かれた絵であれば問題ありません。

大人でも子どもでも、家庭内や個人的な場で人気キャラクターをまねて描くことに問題はありません。絵の練習のためにも、自由にどうぞ。

しかし、家や学校で描いた「人気キャラクターとそっくりな絵」を、ホームページやＳＮＳにアップロードしたり、「地区だより」や「学校だより」に掲載したりして外部に広めようとすると、著作権侵害になる可能性があります。家庭内での私的な使用の範囲を超えるからです。

もしも許可を得ようとするなら、権利を持っているマンガ家やイラストレーター、出版社、ゲーム会社に問い合わせてください。

【複製権、公衆送信権】

Q27 パン屋さんで人気キャラクターのパンが売られている。問題はないの？

問題があります。

パンを見た多くの人が「あ、アンパンマンだ」「ドラえもんだ」と分かるものであれば、著作権の問題が生じます。キャラクターの使用をマンガ家や出版社から許可を得ていればよいのですが、非正規品の場合には著作権侵害になります。

パン屋さんがキャラクターに似せたパンを売っている現状について、マンガ家など著作権者が「本当はダメなんだけど……」と黙認しているだけかもしれません。

人気アニメやマンガのキャラクターは、Tシャツやバッグ、文房具などさまざまなグッズとして正式に商品化されています。お菓子や飲料のパッケージに使われているものもあります。これらはすべて、マンガ家や関係会社から許可(ライセンス)を得ています。私たちが正規品を買って楽しむことで、作り手や権利者に報酬《ほうしゅう》が支払われます。

ちなみに、自宅でキャラクターパンを作って家族で楽しむ分には問題ありません。私的使用だからです。【複製権】

Q28

児童書の読み聞かせを動画投稿サイトにアップしたい。問題がありますか？

あります。著作者から許可を得ないと、著作権侵害になります。

一般に、他人のコンテンツを勝手に使うことは著作権侵害となります。読み聞かせをすることは、絵本を作った人の口述権《こうじゅつけん》の侵害となります。また、読み聞かせを動画投稿サイトにアップすることは公衆送信権の侵害となります。

「読んで聞かせるだけです。何が悪いのでしょうか」と思う人がいるかもしれません。ですが、ネット上で読み聞かせ動画を視聴する人は、それで満足してしまい、本を買わなくなるかもしれません。

著作権の切れた作品であれば、許可なくネット配信ができます。ネット上で読み聞かせが可能な書物を集めたサイトもあります。

一方、無料のボランティアによる対面の読み聞かせであれば、許可なくできます。

【読み聞かせ、口述権、公衆送信権】

著作物を利用するときの窓口

他人の著作物をコピーする、公に伝えるときなどは、コンテンツの著作権者とコンタクトを取って、許可を得なければなりません。個別の著作権者が分からない場合は、著作権管理団体や関係機関に問い合わせるのが便利です。

主な著作権管理団体

放送の利用：日本放送協会、日本民間放送連盟（一般社団法人）
新聞の利用：日本新聞協会（一般社団法人）
出版物の利用：日本書籍出版協会（一般社団法人）
雑誌の利用：日本雑誌協会（一般社団法人）
写真の利用：日本写真著作権協会（一般社団法人）
音楽の利用：日本音楽著作権協会（一般社団法人）
レコード（CDなど）の利用：日本レコード協会（一般社団法人）

美術作品の利用：日本美術著作権連合（一般社団法人）
小説・脚本の利用：日本文藝家協会（公益社団法人）、日本脚本家連盟（協同組合）
学術著作物の利用：学術著作権協会（一般社団法人）
実演の利用：日本芸能実演家団体協議会（公益社団法人）
ケーブルテレビの利用：日本ケーブルテレビ連盟（一般社団法人）

＊管理団体ではありませんが、著作権制度の普及や調査研究をしている「著作権情報センター（公益社団法人）」は一般市民に対して、著作権全般について相談窓口を持っています。各地で講演会や研修会を開催しています。

参考文献

池村聡『はじめての著作権法』(日本経済新聞社、2018年)
上野達弘(編)『教育現場と研究者のための著作権ガイド』(有斐閣、2021年)
岡本薫『著作権の考え方』(岩波新書、2003年)
岡本薫『著作権──それホント?』(発明推進協会、2014年)
岡本健太郎『著作・創作にかかわる法律　これでおさえる勘どころ』(法研、2024年)
加戸守行『著作権法逐条講義　(七訂新版)』(著作権情報センター、2021年)
小泉直樹『知的財産法入門』(岩波新書、2010年)
清水康敬(監修)『必携!　教師のための学校著作権マニュアル』(教育出版、2006年)
中山信弘『著作権法　第3版』(有斐閣、2020年)
半田正夫『著作権法案内』(勁草書房、2014年)
福井健策『改訂版　著作権とは何か──文化と創造のゆくえ』(集英社、2020年)
宮武久佳、大塚大『著作権ハンドブック──先生、勝手にコピーしちゃダメ』(東京書籍、202

1年)
宮武久佳『正しいコピペのすすめ　模倣、創造、著作権と私たち』(岩波書店、2017年)
吉田大輔『著作権が明解になる10章』(出版ニュース社、2009年)
早稲田祐美子『そこが知りたい著作権Q&A100―CRIC著作権相談室から―(第2版)』(著作権情報センター、2020年)

おわりに

教育現場ではもともと、先生も児童・生徒も著作権についてあまり意識せずに、他人の著作物を利用する仕組みがありました。学校は過去や現在の出来事を学ぶ場であり、授業のためには、多様な教材や資料をコピーすることが不可欠だからです。そのため、著作権法は「授業の過程」での特別措置を設けているのです。

一方で、オンライン授業が取り入れられたために、教育現場のデジタル化が急速に進みました。そのため、みなさんがタブレット端末などのデジタル機器を使いこなす技能と知識が格段に向上しました。インターネット上のコンテンツにアクセスし、課題に取り入れることは日常になっています。

ネット上には、授業で習ったことに直結するコンテンツが豊富にあります。誰だってタブレットやスマートフォンでチェックしたコンテンツをそのまま課題への解答や調べ学習、学級活動に取り入れたいと思ってしまいます。そのことを著作権ルールの特別措置が認めているのですから。

ここで「落とし穴」が生じます。

落とし穴とは、特別措置と急速なデジタル化により、先生もみなさんも著作権についての学習が後回しになりがちになることです。授業を離れた社会では、他人が作ったコンテンツを無断で使用すると著作権侵害の恐れがあることは、本書で繰り返し述べている通りです。学校生活は限られた場であり、学校を離れたときに、他人のコンテンツを扱う際の注意点、つまり「著作権の要点」を知っておくことが重要です。そうした思いから本書を書きました。

それだけではありません。

著作権の要点を知ることは、みなさん自身を守ることにもなるのです。たとえば、もしもスマホを使っているときに突然「あなたは私の権利を侵害《しんがい》しています」という通知が来たらどうしますか。著作権の基本を知らなければパニックになってしまうかもしれません。だけど、少しでも知識があれば「著作権に関して何が問題なのでしょうか?」と対応できます。相手の言うことも理解しやすくなります。

やりとりがあって、相手が「それなら〇Kです。でも今後は気をつけてくださいね」と言い、あなたが「迷っていたのですが、すみません」と応答すれば、大きなトラブルを避けられるかもしれません。相手が間違っていることだってあるのですから。

重要なのは、コミュニケーションを取ることです。なぜなら、著作権制度にはあいまいな部分やケースバイケースのことが多く、著作権に関するトラブルでは、当事者同士が話し合って解決する余地が大きいからです。あいまいな部分やケースバイケースがあるというのは、意見の異なる当事者の間で、話し合いで「お互いの利益のバランスを取ること」が求められていることを意味します。

今の時代、みなさんも「歌ってみた」「踊ってみた」と、動画をSNSにアップロードする時代です。あなたもクリエーターなのです。であれば、クリエーターの権利、つまりあなたの権利にも敏感であってほしいところです。著作権はあなたを守る味方だからです。

ただし、すべての著作権ルールを覚える必要はありません。「こんなとき、何か注意点があったはず」という感覚が大事です。あとはその都度自分で調べたり、詳《くわ》しい人に聞いたりすればよいのです。自分で調べたいと思う人のために、本書の巻末には使いやすい参考文献のリストを付けておきました。

一方、早い段階で著作権法に触れることは、法律の世界への良き導入となります。どんな法律もみなさんの味方であることを忘れないでください。法律を知ることであなたに「力」が備わるのです。

本書は「模倣《もほう》と創造の循環《じゅんかん》」について著した岩波ジュニア新書『正しいコピペのすすめ』（2017年）の続編です。本書では、著作権の考え方やしくみについてページを割きました。

学校生活を送るみなさんが知っておくべき要点が盛り込まれています。

最後になりますが、本書の出版に際してジュニア新書編集部のみなさんにお世話になりました。特に担当の小林縫さんには、随所で的確なアドバイスをいただきました。また、表紙と各章の扉イラストを、みみずく工房の磯貝千恵さんにお願いしました。かっこいい素敵な書物に仕上げていただきました。みなさんに感謝申し上げます。

2024年8月20日

宮武久佳

索　引

宮武久佳
1957年生まれ．共同通信社(記者・デスク)，横浜国立大学教授，東京理科大学教授を経て，現在は東京理科大学嘱託教授．ハーバード大学ニーマンフェロー(客員ジャーナリスト)，日本音楽著作権協会(JASRAC)理事を歴任．
国際基督教大学大学院(比較文化)修士，一橋大学大学院(知的財産専攻)修士．専門は著作権教育，メディアとコミュニケーション論など．
著書に『知的財産と創造性』(みすず書房)，『正しいコピペのすすめ』『自分を変えたい』(ともに岩波ジュニア新書)，『著作権ハンドブック』(共著，東京書籍)，『小学生のうちから知っておきたい著作権の基本』(カンゼン)，『わたしたちの英語』(青土社)など．

ゼロからの著作権—学校・社会・SNSの情報ルール
岩波ジュニア新書 990

2024年9月20日　第1刷発行

著　者　宮武久佳《みやたけひさよし》

発行者　坂本政謙

発行所　株式会社 岩波書店
〒101-8002 東京都千代田区一ツ橋 2-5-5
案内 03-5210-4000　営業部 03-5210-4111
ジュニア新書編集部 03-5210-4065
https://www.iwanami.co.jp/

印刷・精興社　製本・中永製本

ISBN 978-4-00-500990-9　Printed in Japan

岩波ジュニア新書の発足に際して

きみたち若い世代は人生の出発点に立っています。きみたちの未来は大きな可能性に満ち、陽春の日のようにひかり輝いています。勉学に体力づくりに、明るくはつらつとした日々を送っていることでしょう。

しかしながら、現代の社会は、また、さまざまな矛盾をはらんでいます。営々として築かれた人類の歴史のなかで、幾千億の先達《せんだつ》たちの英知と努力によって、未知が究明され、人類の進歩がもたらされ、大きく文化として蓄積されてきました。にもかかわらず現代は、核戦争による人類絶滅の危機、貧富の差をはじめとするさまざまな人間的不平等、社会と科学の発展が一方においてもたらした環境の破壊、エネルギーや食糧問題の不安等々、来るべき二十一世紀を前にして、解決を迫られているたくさんの大きな課題がひしめいています。現実の世界はきわめて厳しく、人類の平和と発展のためには、きみたちの新しい英知と真摯《しんし》な努力が切実に必要とされています。

きみたちの前途には、こうした人類の明日の運命が託されています。ですから、たとえば現在の学校で生じているささいな「学力」の差、あるいは家庭環境などによる条件の違いにとらわれて、自分の将来を見限ったりはしないでほしいと思います。個々人の能力とか才能は、いつどこで開花するか計り知れないものがありますし、努力と鍛練の積み重ねの上にこそ切り開かれるものですから、簡単に可能性を放棄したり、容易に「現実」と妥協したりすることのないようにと願っています。

わたしたちは、これから人生を歩むきみたちが、生きることのほんとうの意味を問い、大きく明日をひらくことを心から期待して、ここに新たに岩波ジュニア新書を創刊します。現実に立ち向かうために必要とする知性、豊かな感性と想像力を、きみたちが自らのなかに育てるのに役立ててもらえるよう、すぐれた執筆者による適切な話題を、豊富な写真や挿絵とともに書き下ろしで提供します。若い世代の良き話し相手として、このシリーズを注目してください。わたしたちもまた、きみたちの明日に刮目《かつもく》しています。（一九七九年六月）

918
議会制民主主義の活かし方
―未来を選ぶために
糠塚康江

私達は忘れている。未来は選べるということを。必要なのは議会制民主主義を理解し、使いこなす力を持つこと、と著者は説く。

919
繊細すぎてしんどいあなたへ
HSP相談室
串崎真志

繊細すぎる性格を長所としていかに活かすかをアドバイス。「繊細でよかった!」読後にそう思えてくる一冊。

920
10代から考える生き方選び
竹信三恵子

10代にとって最適な人生の選択とは? 各選択肢が孕むメリットやリスクを俯瞰しながら、生き延びる方法をアドバイスする。

921
一人で思う、二人で語る、みんなで考える
―実践! ロジコミ・メソッド
追手門学院大学成熟社会研究所 編

課題解決に役立つアクティブラーニングの道具箱。多様な意見の中から結論を導くロジカルコミュニケーションの方法を解説。

922
できちゃいました! フツーの学校
富士晴英とゆかいな仲間たち

生徒の自己肯定感を高め、主体的に学ぶ場を作ろう。校長からのメッセージは「失敗OK!」「さあ、やってみよう」

923
こころと身体の心理学
山口真美

金縛り、夢、絶対音感――。様々な事例をもとに第一線の科学者が自身の病とも向き合って解説した、今を生きるための身体論。

930 平安男子の元気な！生活
川村裕子
意外とハードでアクティブだった!? 恋に出世にライバル対決、元祖ビジネスパーソンたちのがんばりを、どうぞご覧あれ☆

931 SDGs時代の国際協力
―アジアで共に学校をつくる
西村幹子
小野道子
井上儀子
バングラデシュの子どもたちの「学校に行きたい！」を支えて――NGOの取組みから未来をつくるパートナーシップを考える。

932 コミュニケーション力を高める
プレゼン・発表術
上坂博亨
大谷孝行
里見安那
パワポスライドの効果的な作り方やスピーチの基本を解説。入試や就活でも役立つ「自己表現」のスキルを身につけよう。

933 確かめてナットク！
物理の法則
ジョー・ヘルマンス
村岡克紀訳
ロウソクとLED、どっちが高効率？ 物理学は日常的な疑問にも答えます。公式だけじゃない、物理学の醍醐味を味わおう。

934 深掘り！ 中学数学
―教科書に書かれていない数学の話
坂間千秋
三角形の内角の和はなぜ180°になる？ なぜ割り算はゼロで割ってはいけない？ なぜマイナス×マイナスはプラスになる?…

935 はじめての哲学
藤田正勝
なぜ生きるのか？ 自分とは何か？ 日常の一歩先にある根源的な問いを、やさしい言葉で解きほぐします。ようこそ、哲学へ。

936 ゲッチョ先生と行く 沖縄自然探検 盛口 満
沖縄島、与那国島、石垣島、西表島、宮古島を中心に、様々な生き物や島の文化を、著名な博物学者がご案内!〔図版多数〕

937 食べものから学ぶ世界史
―人も自然も壊さない経済とは? 平賀 緑
食べものから「資本主義」を解き明かす!産業革命、戦争…。食べものを「商品」に変えた経済の歴史を紹介。

938 国語をめぐる冒険 渡部泰明・平野多恵・出口智之・田中洋美・仲島ひとみ
世界へ一歩踏み出せば、新しい出会いと成長への機会が待っています。国語を使ってどう生きるか、冒険をモチーフに語ります。

940 俳句のきた道 芭蕉・蕪村・一茶 藤田真一
古典を知れば、俳句がますますおもしろくなる! 個性ゆたかな三俳人の、名句と人生、俳句の心をたっぷり味わえる一冊。

941 AIの時代を生きる
―未来をデザインする創造力と共感力 美馬のゆり
人とAIの未来はどうあるべきか。「創造力と共感力」をキーワードに、よりよい未来のつくり方を語ります。

942 親を頼らないで生きるヒント
―家族のことで悩んでいるあなたへ コイケ ジュンコ NPO法人ブリッジフォースマイル協力
虐待やヤングケアラー…、子どもはどのようにSOSを出せばよいのか。社会的養護のもとで育った当事者たちの声を紹介。

943 数理の窓から世界を読みとく ―素数・AI・生物・宇宙をつなぐ 初田哲男 柴藤亮介 編著

数学を使いさまざまな事象を理論的に解明する方法、数理。若手研究者たちが数理を共通言語に、瑞々しい感性で研究を語る。

944 自分を変えたい ―殻を破るためのヒント 宮武久佳

いつも同じメンバーと同じ話題。親に勧められた大学に進学し、楽勝科目で単位を稼ぐ。ずっとこのままでいいのかなあ？

945 ヨーロッパ史入門 原形から近代への胎動 池上俊一

古代ギリシャ・ローマから、文化的統合体としてのヨーロッパの成立、ルネサンスや宗教改革を経て、一七世紀末までを俯瞰。

946 ヨーロッパ史入門 市民革命から現代へ 池上俊一

近代国家の成立や新しい思想の誕生、二度の大戦、アメリカや中国の台頭。「古い大陸」ヨーロッパがたどった近現代を考察。

947 〈読む〉という冒険 イギリス児童文学の森へ 佐藤和哉

アリス、プーさん、ナルニア……名作たちは、本当は何を語っている？「冒険」する読みかた、体験してみませんか。

948 私たちのサステイナビリティ ―まもり、つくり、次世代につなげる 工藤尚悟

「サステイナビリティ」とは何かを、気鋭の研究者が、若い世代に向けて、具体例を交えわかりやすく解説する。

949 進化の謎をとく発生学
―恐竜も鳥エンハンサーを使っていたか
田村宏治
進化しているのは形ではなく形作り。キーワードは、「エンハンサー」です。進化発生学をもとに、進化の謎に迫ります。

950 漢字ハカセ、研究者になる
笹原宏之
著名な「漢字博士」の著者が、当て字、国字、異体字など様々な漢字にまつわるエピソードを交えて語った、漢字研究者への成長記。

951 作家たちの17歳
千葉俊二
太宰も、賢治も、芥川も、漱石も、まだ「文豪」じゃなかった――十代のころ、彼らは何に悩み、何を決意していたのか？

952 ひらめき！英語迷言教室
―ジョークのオチを考えよう
右田邦雄
ユーモアあふれる英語迷言やひねりのきいたジョークのオチを考えよう！ 笑いながら英語力がアップする英語トレーニング。

953 大絶滅は、また起きるのか？
高橋瑞樹
生物たちの大絶滅が進行中？ 過去五度あった大絶滅とは？ 絶滅とはどういうことでなぜ問題なのか、様々な生物を例に解説。

954 いま、この惑星で起きていること
気象予報士の眼に映る世界
森さやか
世界各地で観測される異常気象を気象予報士の立場で解説し、今後を考察する。雑誌『世界』で大好評の連載をまとめた一冊。

955 世界の神話 躍動する女神たち
沖田瑞穂

強い、怖い、ただでは起きない、変わってる⁉ 世界の神話や昔話から、おしとやかなイメージをくつがえす女神たちを紹介！

956 16テーマで知る 鎌倉武士の生活
西田友広

鎌倉武士はどのような人々だったのでしょうか？ 食生活や服装、住居、武芸、恋愛など様々な視点からその姿を描きます。

957 〝正しい〟を疑え！
真山 仁

不安と不信が蔓延する社会において、自分を信じて自分らしく生きるためには何が必要なのか？ 人気作家による特別書下ろし。

958 津田梅子―女子教育を拓く
髙橋裕子

日本の女子教育の道を拓き、シスターフッドを体現した津田梅子の足跡を、最新の研究成果・豊富な資料をもとに解説する。

959 学び合い、発信する技術―アカデミックスキルの基礎
林 直亨

アカデミックスキルはすべての知的活動の基盤。対話、プレゼン、ライティング、リーディングの基礎をやさしく解説します。

960 読解力をきたえる英語名文30
行方昭夫

英語力の基本は「読む力」。先生と生徒の対話形式で、新聞コラムや小説など、とっておきの例文30題の読解と和訳に挑戦！

961 森鷗外、自分を探す 出口智之
文豪で偉い軍医の天才？ 激動の時代の感覚に立って作品や資料を読み解けば、自分探しに悩む鷗外の姿が見えてくる。

962 巨大おけを絶やすな！ ―日本の食文化を未来へつなぐ 竹内早希子
しょうゆ、みそ、酒を仕込む、巨大な木おけ。途絶えかけた大おけづくりをつなぎ、その輪を全国に広げた奇跡の奮闘記！

963 10代が考えるウクライナ戦争 岩波ジュニア新書編集部編
この戦争を若い世代はどう受け止めているのでしょうか。高校生達の率直な声を聞き、平和について共に考える一冊です。

964 ネット情報におぼれない学び方 梅澤貴典
新しい時代の学びに即した情報の探し方や使い方、更にはアウトプットの方法を図書館司書の立場からアドバイスします。

965 10代の悩みに効くマンガ、あります！ トミヤマユキコ
悩み多き10代を多種多様なマンガを通してお助けします。萎縮したこころとからだがふわっと軽くなること間違いなしの一冊。

966 新種発見物語 ―足元から深海まで11人の研究者が行く！ 島野智之 脇　司 編著
虫、魚、貝、鳥、植物、菌など未知の生物の探究にワクワクしながら、分類学の基礎も楽しく身につく、濃厚な入門書。

967 核のごみをどうするか
―もう一つの原発問題
今田高俊
寿楽浩太
中澤高師
原子力発電によって生じる「高レベル放射性廃棄物」をどのように処分すればよいのか。問題解決への道を探る。

968 扉をひらく哲学
―人生の鍵は古典のなかにある
中島隆博・梶原三恵子
納富信留・吉水千鶴子 編著
親との関係、勉強する意味、本当の自分とは？……人生の疑問に、古今東西の書物をひもといて、11人の古典研究者が答えます。

969 在来植物の多様性がカギになる
―日本らしい自然を守りたい
根本正之
日本らしい自然を守るにはどうしたらいい？ 在来植物を保全する方法は？ 自身の保全活動をふまえ、今後を展望する。

970 知りたい気持ちに火をつけろ！
―探究学習は学校図書館におまかせ
木下通子
レポートの資料を探す、データベースで情報検索する……、授業と連携する学校図書館の活用法を紹介します。

971 世界が広がる英文読解
田中健一
英文法は、新しい世界への入り口です。楽しく読む基礎とコツ、教えます。英語力不問、この1冊からはじめよう！

972 都市のくらしと野生動物の未来
高槻成紀
野生動物の本当の姿や生き物同士のつながりを知る機会が減った今。正しく知ることの大切さを、ベテラン生態学者が語ります。

973 ボクの故郷は戦場になった
—樺太の戦争、そしてウクライナへ
重延 浩
1945年8月、ソ連軍が侵攻を開始し、のどかで美しい島は戦場と化した。少年が見た戦争とはどのようなものだったのか。

974 源氏物語入門
高木和子
日本の古典の代表か、色好みの男の恋愛遍歴か。『源氏物語』って、一体何が面白いの？ 千年生きる物語の魅力へようこそ。

975 「よく見る人」と「よく聴く人」
—共生のためのコミュニケーション手法
広瀬浩二郎
相良啓子
目が見えない研究者と耳が聞こえない研究者が、互いの違いを越えてわかり合うためコミュニケーションの可能性を考える。

976 平安のステキな！女性作家たち
川村裕子
早川圭子 絵
紫式部、清少納言、和泉式部、道綱母、孝標女。作品の執筆背景や作家同士の関係も解説。ハートを感じる！王朝文学入門書。

977 国連で働く
—世界を支える仕事
植木安弘 編著
平和構築や開発支援の活動に長く携わってきた10名が、自らの経験をたどりながら国連の仕事について語ります。

978 農はいのちをつなぐ
宇根 豊
生きものの「いのち」と私たちの「いのち」はつながっている。それを支える「農」とは何かを、いのちが集う田んぼで考える。

979 10代のうちに考えておきたいジェンダーの話　堀内かおる

10代が直面するジェンダーの問題を、未来に向けて具体例から考察。自分ゴトとして考えた先に、多様性を認め合う社会がある。

980 食べものから学ぶ現代社会 ―私たちを動かす資本主義のカラクリ　平賀　緑

食べものから、現代社会のグローバル化、巨大企業、金融化、技術革新を読み解く。『食べものから学ぶ世界史』第2弾。

981 原発事故、ひとりひとりの記憶 ―3・11から今に続くこと　吉田千亜

3・11以来、福島と東京を往復し、人々の声に耳を傾け、寄り添ってきた著者が、今に続く日々を生きる18人の道のりを伝える。

982 縄文時代を解き明かす ―考古学の新たな挑戦　阿部芳郎 編著

人類学、動物学、植物学など異なる分野と力を合わせ、考古学は進化している。第一線の研究者たちが縄文時代の扉を開く！

983 翻訳に挑戦！名作の英語にふれる　河島弘美

he や she を全部は訳さない？　この人物は「僕」か「おれ」か？　8つの名作文学で翻訳の最初の一歩を体験してみよう！

984 SDGsから考える世界の食料問題　小沼廣幸

アジアなどで長年、食料問題と向き合い、今も邁進する著者が、飢餓人口ゼロに向け、SDGsの視点から課題と解決策を提言。

985 迷いのない人生なんて
——名もなき人の歩んだ道
共同通信社編
共同通信の連載「迷い道」を書籍化。家族との葛藤、仕事の失敗、病気の苦悩…。市井の人々の様々な回り道の人生を描く。

986 ムクウェゲ医師、平和への闘い
——「女性にとって世界最悪の場所」と私たち
立山芽以子
華井和代
八木亜紀子
アフリカ・コンゴの悲劇が私たちのスマホに繋がっている？ ノーベル平和賞受賞医師の闘いと紛争鉱物問題を知り、考えよう。

987 フレーフレー！就活高校生
——高卒で働くことを考える
中島 隆
就職を希望する高校生たちが自分にあった職場を選んで働けるよう、いまの時代に高卒で働くことを様々な観点から考える。

988 野生生物は「やさしさ」だけで守れるか？
——命と向きあう現場から
朝日新聞
取材チーム
多様な生物がいる豊かな自然環境を保つために、時にはつらい選択をすることも。悩みながら命と向きあう現場を取材する。

989 〈弱いロボット〉から考える
——人・社会・生きること
岡田美智男
弱さを補いあい、相手の強さを引き出す〈弱いロボット〉は、なぜ必要とされるのか。生きることや社会の在り方と共に考えます。

990 ゼロからの著作権
——学校・社会・SNSの情報ルール
宮武久佳
情報社会において誰もが知っておくべき著作権。基本的な考え方に加え、学校と社会でのルールの違いを丁寧に解説します。